# Der Tod, der Teufel und das Glück

*Wer den Tod fürchtet, hat das Leben verloren.*

Johann Gottfried Seume

Bernhard M. Scheurer

# Der Tod, der Teufel und das Glück

*Vom Sinn der Endlichkeit*

MIDAS

*Für Conny*

1. Auflage 2022

ISBN 978-3-03876-553-0

Midas Verlag AG
Dunantstrasse 3, 8044 Zürich



Lektorat: Dr. Friederike Römhild
Layout: Ulrich Borstelmann
Cover: Agentur 21
Druck und Bindung:
Beltz Grafische Betriebe

Printed in Germany

www.midas.ch

# Inhalt

Intro *7*

Homo sapiens, die sich selbst bedrohende Art *13*

Henry, eine Schildkröte im Universum *31*

Den Tod achten, das Leben lieben *45*

Optimisten leben nicht länger,
aber sie sterben furchtloser *65*

Lernen, glücklich zu sein – sechs Schritte *99*

Schritt 1: Glück *107*

Schritt 2: Freiheit *113*

Schritt 3: Mut *123*

Intermezzo auf dem Trampolin *135*

Schritt 4: Mitgefühl *139*

Schritt 5: Klarheit *151*

Schritt 6: Ruhe *159*

Ausklang *171*

Dank *173*
Quellenangaben *175*
Literatur *181*
Namensregister *183*
Sachregister *185*

# Intro

»Was ist Glück?«, fragte der Tod den Teufel.

»Das fragst du mich?«, kam postwendend die Gegenfrage. »Es ist dein Ressort. Glück – ein Elementarteilchen von sehr kurzer Lebensdauer, nie so recht zu packen.«

»Ich packe jeden«, sagte der Tod, »und wenn, dann für immer.«

»Das ist das Problem. Du passt den Menschen nicht in den Kram. Sie pfuschen gern rum am ewigen Glück und bringen's nicht zustande. Erst fehlt der Mut und dann die Dankbarkeit.«

***

Wer glücklich werden will, muss frei sein. Ohne Freiheit kein Glück. Etwas so Kostbares wie die Freiheit fällt uns aber nicht in den Schoß, wir müssen darum kämpfen, und das erfordert Mut. Ohne Mut keine Freiheit, ohne Freiheit kein Glück.

Diese Kette mit den drei Perlen *Glück*, *Freiheit* und *Mut* ist, wie wir noch sehen werden, die Erfindung eines alten Griechen, der vor zweieinhalbtausend Jahren zu einem der bedeutendsten Staatsmänner der Antike wurde. Martin Luther hat den Zusammenhang zwischen Courage und Wohlbefinden auf seine spezielle Weise beschrieben: »Aus einem verzagten Arsch kommt kein fröhlicher Furz.«

Anfang der Zwanzigerjahre dieses Jahrhunderts, im Angesicht der sich deutlich abzeichnenden Klimakatastrophe und nach Beginn der Covid-19-Pandemie – mit geschlossenen Cafés, Kinos und Kneipen, mit Lockdown, Shutdown, Homeoffice und Homeschooling – schafften es nur wenige, nicht zu verzagen. Der rebellische Professor Luther hätte, wenn er dabei gewesen wäre, ohne Zweifel zu diesen Wenigen gehört. Vermutlich hätte er fünfundneunzig Klima- und Corona-Thesen an sein Twitter-Profil angeheftet und sich damit ein Disziplinarverfahren der Evangelischen Kirche eingehandelt, wegen Verführung Mindermutiger.

Viele, die nun öffentlich kundtaten »Ich mache mir Sorgen wegen des Virus«, hätten ehrlicherweise sagen sollen »Ich habe Angst vor dem Sterben«. Denn es ging eben nicht nur um die Befürchtung, die hochbetagte Oma oder den geliebten Vater zu verlieren, sondern um die befremdliche Vorstellung: Ich werde sterben, vielleicht schon sehr bald, und alle anderen werden am Tag darauf weiter atmen, essen, trinken und Witze erzählen. Das zu akzeptieren, fällt schwer; vor allem dann, wenn man nicht an ein Weiterleben nach dem Tod glaubt, in welcher Form auch immer.

Dass *alle anderen* nach meinem Todestag weiterleben und Witze erzählen werden, stimmt natürlich nicht. Nur, wer weiß schon, wie viele Sterbefälle es weltweit *jeden Tag* gibt? Es sind etwa 150.000. Und zwar seit etlichen Jahren, schon lange, bevor das Corona-Virus auftrat. Falls es also morgen mit dir zu Ende geht, sterben am selben Tag außer dir noch 149.999 andere Menschen – Frauen, Männer, Kinder und Säuglinge.

Möglichst lange leben und *in Würde sterben*, wer wünscht sich das nicht? Aber warum versuchen wir nicht, *in Würde zu leben*? Jetzt, in diesem Moment. Frei und selbstbestimmt, kooperativ und mitfühlend – egal, wie viele Jahre dieses Leben umfassen wird. Denn wie soll das funktionieren, ein würdevoller Tod am Ende eines würdelosen Lebens?

**Wofür lebe ich?**

Und zielführender als die Frage »Wieso muss ich sterben?« ist doch – etwa nach einem eindeutigen Signal unseres Körpers, einem Burnout oder einem Schlaganfall – die Überlegung »Wofür lebe ich? Für was und für wen schlägt mein Herz?«

Ein Mensch, der so denkt und auch danach handelt, wird keine allzu große Angst vor dem Sterben haben; sein Leben ist jeden Tag erfüllt. Er hat nicht das Gefühl, etwas versäumt zu haben. Also, wie wäre es, mehr auf andere Menschen zu achten, auf Tiere, Bäume, einen Duft oder eine Melodie? Und auf uns selbst, auf das Gute in uns, statt immer wieder in die Rolle des rücksichtslosen Egoisten zu fallen, der meint, er müsse sich vor nichts und niemandem rechtfertigen, weder vor Gott oder der Natur noch vor sich selbst, wenn einmal seine letzte Stunde schlägt. So als seien wir unsterbliche Götter, die alles, was ihnen gefällt, in Besitz nehmen und irgendwann wegwerfen oder vernichten, ohne sich jemals dafür zu schämen.

Stell dir vor, eine gute Fee schenkt dir die Unsterblichkeit. Was machst du dann am 13. Mai 8984? Wie üblich donnerstags Tennis spielen mit deiner Freundin Constanze, die sich zufällig genauso gut gehalten hat wie du? Oder hast du inzwischen schon fünftausend neue Freundschaften geschlossen? Vermutlich wird dir, je mehr du darüber nachdenkst, umso klarer, dass du von der guten Fee ein teuflisches Geschenk erhalten hast.

In diesem Buch geht es um teuflische Projekte mit tödlichen Nebenwirkungen. Um Troja, um Hiroshima 1945 und die Ukraine 2022. Um Gier und Größenwahn, Umweltzerstörung und Nuklearwaffen, um Leben und Sterben, um das Zerbröckeln von Kultur und Zivilisation. Und um die Gewissheit, dass alles irgendwann ein Ende findet – die Freude, aber auch der Schmerz.

Wer den Mut aufbringt weiterzulesen, wird zu einer neuen Sicht auf die Tatsache der Vergänglichkeit gelangen, auf die begrenzte Lebenszeit jedes Einzelnen, auf Geburt und Tod von Homo sapiens, auf das ganze kosmische Geschehen.

Du denkst, vielleicht ohne es zu merken, mehr historisch und weniger hysterisch. Du wirst gelassener und dankbarer – die beste Voraussetzung für ein glückliches Leben. Genau das nämlich ist Gegenstand der letzten acht Kapitel dieses Buchs: Lernen, glücklich zu sein, in sechs Schritten.

Du findest zu mehr *Ruhe*, *Klarheit* und *Mitgefühl* – einer weiteren Kette mit drei Perlen. Sie stärken in dir das andere, zu Beginn erwähnte Perlen-Trio des alten Griechen: Du spürst neuen *Mut* und machst dich auf den Weg zu *Freiheit* und

*Glück*. Das halbe Dutzend der Schritte zum glücklichen Leben ist damit komplett.

Und irgendwann stellst du fest, alle sechs Perlen sind durch eine einzige Schnur verbunden – zu einem Kreis.

# Homo sapiens, die sich selbst bedrohende Art

An einem Sommernachmittag vor ein paar Jahren, es war bei einer Geburtstagsfeier, schaffte es ein einziges Wort, mich aus der Fassung zu bringen. Es fing ganz harmlos an, als ich mit meiner Tischnachbarin, einer jungen Rechtsanwältin, ins Gespräch kam und ihr die Frage stellte: »Was glaubst du, wie lange wird es noch Menschen geben?« Sie antwortete: »Immer.« »Wie bitte?« »Na klar, Menschen wird es immer geben.«

Dieses *immer* brachte mich völlig durcheinander. Bis zu jenem Tag hatte ich geglaubt, jeder Abiturient und jede Abiturientin in Deutschland hat irgendwann im Oberstufenunterricht einmal davon gehört, dass es die Erde und somit Menschen nicht schon immer gegeben hat. Ebenso, dass jedes Leben auf diesem Planeten und folglich auch das menschliche Leben eines Tages unmöglich sein wird, weil die Leuchtkraft der Sonne dann dramatisch zugenommen haben wird. Mit anderen Worten, die Tage der Menschheit sind gezählt; wir kennen nur noch nicht das Ergebnis dieser Zählung.

Wie also war das *immer* zu verstehen? War es ein Beleg für die sinkende Qualität unserer Schulen, war es scherzhaft gemeint? Oder wollte sich meine Gesprächspartnerin nicht die Laune verderben lassen, frei nach dem Motto »Der Weltuntergang kann warten«?

Allein das Wort *Weltuntergang* zeigt, wie naiv wir Menschen immer noch sind, wenn es um unseren Stellenwert in Raum und Zeit geht. Der Planet Erde, ein Staubkorn im Universum, ist für uns *die Welt*. Wenn wir *Weltuntergang* sagen, meinen wir eigentlich nur das *Ende der Menschheit*. Wir reden vom *Weltklima*, wenn es in Wirklichkeit nur um die Erde geht. Wer diesen unpassenden Begriff googelt, stellt fest, die Trefferzahl ist sechsmal so groß wie bei dem korrekten Wort *Erdklima*; mit *Welt-* und *Erdbevölkerung* verhält es sich genauso. Womöglich glauben auch sechs von sieben Googelnden, dass auf der Erde jegliches Leben zu Ende geht, wenn die Art Homo sapiens ausstirbt.

Aber so ist es nicht. Wir Menschen haben es zwar geschafft, die Oberfläche der Erde dramatisch zu verändern. Wir haben uns auf dieser begrenzten Fläche rücksichtslos breitgemacht und die Lebensräume anderer Arten vernichtet. Wir haben riesige Städte, Industrieanlagen und Staudämme gebaut. Wir schießen Raketen zum Mond und zu unserem Nachbarplaneten Mars. Aber das alles ist nicht so bedeutend, wie viele Menschen offenbar glauben. Es ist eher so, als ob der Mount Everest, der höchste Berg der Erde, durch ein Fernrohr amüsiert beobachtet, wie eine Ameise in der Lüneburger Heide auf ihrem Ameisenhügel anderthalb Zentimeter nach oben hüpft.

## Ein Blick empor zu den Sternen …

In unserem Universum gibt es $7 \cdot 10^{22}$, also 70.000 Millionen Millionen Millionen Sterne.[1] Und das sind nur die, welche man bisher mit Teleskopen erspähen konnte. Viele Experten nehmen an, dass es in Wirklichkeit wesentlich mehr Sterne gibt; manche glauben, es sind unendlich viele.

Man geht davon aus, dass alle Sterne von Planeten umkreist werden.[2] Somit wäre die Erde einer von mehr als $10^{23}$ Planeten. Und man schätzt, dass es allein in »unserer« Galaxie, der Milchstraße, mehr als dreißig Planeten mit intelligenten Zivilisationen gibt;[3] wobei die Milchstraße nur eine von hundert Milliarden Galaxien ist.

Du siehst, Homo sapiens – das ist nicht die Welt. Aber es ist nur zu menschlich, dass wir »weisen Primaten« uns für die Krone der Schöpfung halten. Denn die nächsten intelligenten Lebewesen im Raum sind 17.000 Lichtjahre von uns entfernt. Sie werden uns also hier in Hintertupfingen oder New York vorerst nicht in die Quere kommen. Wer weiß, was sonst passieren würde, denn sie sind uns bezüglich Vernunft und Urteilskraft vielleicht haushoch überlegen.

**Homo sapiens – das ist nicht die Welt**

Das Lichtjahr ist, wie wir wissen, kein Zeit-, sondern ein Längenmaß. Es bezeichnet die Strecke, die das Licht in einem Kalenderjahr zurücklegt. Das sind knapp $10^{13}$, also zehn Millionen Millionen Kilometer. Denken wir uns einen Maserati, der mit 300 km/h über den Nürburgring brettert; das Licht hat die 3.600.000-fache Maserati-Geschwindigkeit: 300.000 Kilometer pro *Sekunde*. Somit müssten wir mit dem flotten Italiener 3,6 Millionen Mal 17.000, das heißt gut sechzig Milliarden Jahre durch den Kosmos rasen, um die nächste Zivilisation zu erreichen; vorausgesetzt, wir fänden unterwegs genug Tankstellen.

## … und ein Blick zurück zum Ursprung des Lebens auf der Erde

Aber ganz im Ernst, die meisten Menschen haben keine halbwegs realistische Vorstellung von den ungeheuren zeitlichen und räumlichen Ausmaßen des Weltalls, von der Intelligenz und dem Seelenleben der Trilliarden von Lebewesen, die neben und großenteils ohne uns Menschen existieren. Die Virologin Karin Moelling hat es auf den Punkt gebracht. In einem Video-Interview mit der Neuen Zürcher Zeitung[4] zum Thema Corona-Virus hat sie verblüffende Fakten erklärt, die viele nicht kennen oder nicht zur Kenntnis nehmen wollen:

- Viren gibt es auf der Erde seit drei Milliarden Jahren, mehr als tausendmal so lange wie es Menschen gibt.
- *Wir* sind die Emporkömmlinge, nicht die Viren.
- *Wir* sind es, die das Gleichgewicht in der Natur stören; Viren tragen dazu bei, solche Störungen zu beheben.
- *Wir* handeln nach der Maxime »Macht euch die Erde untertan« (Gen 1, 28)[5] und sehen Viren nur als unsere Feinde an.
- Dabei ist unser Körper auf Viren und Bakterien angewiesen; bestes Beispiel hierfür: unser Darm.

- Umgekehrt gilt, das Virus braucht uns nicht. Wir Menschen sind nur eine von vielen Tierarten, die den Viren als Wirte zur Verfügung stehen.

Vermutlich 98 Prozent der Erdbevölkerung haben sich nie ernsthaft mit solchen Dingen beschäftigt – vor Corona. Das hat sich geändert. Nicht nur unter den jungen Leuten, gerade auch in der Generation der Siebzig- und Achtzigjährigen wächst die Zahl derer, die begriffen haben, dass es jetzt nicht nur den Eisbären und dem Kapitalismus, sondern uns allen an den Kragen geht.

Es ist an der Zeit, dass unsere Kinder sich in der Schule nicht nur mit Grammatik, Digitaltechnik oder Wirtschaftskunde beschäftigen, sondern viel intensiver mit Philosophie, Evolution und Astronomie – mit dem Ursprung und dem Sterben von Pflanzen- und Tierarten, mit Leben und Tod. Dass sie weniger auswendig lernen und mehr Anstöße zum Nachdenken bekommen.

## Lernziel Bescheidenheit

Mir schwebt ein Schulprojekt »Zelle-Mensch-Planet« vor: In Teams von drei bis fünf Mitgliedern werden Texte von Charles Darwin und Stephen Hawking, Ideen und Mythen aus der Bibel und dem Koran untersucht. Jede Gruppe hat die Aufgabe, ein Video oder eine Theaterszene zum Thema Körperzelle, Mensch oder Planet Erde zu erstellen. Aber egal, zu welchem Team eine Schülerin oder ein Schüler gehört, früher oder später wird jeder mit einem Begriff konfrontiert, der eine zentrale Rolle in der Philosophie und in allen Weltreligionen spielt: Vergänglichkeit.

Drei Lehrkräfte aus den Fachbereichen Biologie, Physik und Ethik begleiten als Coaches das Projekt. Im Rahmen der Abschlusspräsentationen findet ein Diskurs statt, zu dem der Physiker und Philosoph Harald Lesch per Video zugeschaltet wird.

Zu einem Höhepunkt der Veranstaltung wird der Comedy-Auftritt eines bunt kostümierten Teams, bei dem verschiedene Körperzellen eines Achtzigjährigen ein Streitgespräch führen:

> *»Wer von uns Zellen hat die höchste Lebenserwartung? Wieso sterbe ich als Darmzelle schon nach wenigen Tagen, während du als Augenzelle so lange lebst wie der alte Herr, zu dessen Körper wir alle gehören?«, schimpft eine der Zellen.*
>
> *»Und dieser lebenslustige Mensch, der jetzt achtzig Jahre auf dem Buckel hat, wie lange wird er noch atmen? Was passiert mit uns Zellen, wenn er stirbt?«, entgegnet eine andere.*
>
> *»Nicht zu vergessen die Spezies Homo sapiens, wie lange wird es sie noch geben? Ist sie in einem guten Zustand? Was passiert mit der Erde, wenn es auf ihr keine Menschen mehr gibt?«, ergänzt eine weitere.*

Sinn und Zweck eines solchen Projekts lassen sich mit wenigen Worten beschreiben: *Lerne und praktiziere Bescheidenheit.* Beim gemeinsamen Nachforschen, Auswerten und Erörtern im Rahmen des Projekts erfahren alle Beteiligten in wenigen Wochen und Monaten mehr als sonst in zehn Jahren über das Wichtigste, das es für uns Menschen zu studieren gibt: Leben und Sterben im Universum.

Die jungen Leute und ebenso ihre Eltern und ihre Lehrkräfte lernen zu verstehen: Alles verändert sich, in jedem Bruchteil einer Sekunde. Alles ist vergänglich – jede Zelle, jedes Lebewesen, jede Art. Auch die Menschheit.

Sie begreifen: Ich bin, wie jeder Mensch, durch Erbgut und Tradition mit all meinen Vorfahren verbunden; ich bin ein kleiner Baustein des Projekts Homo sapiens. So wie jede meiner Zellen ein Baustein meines Lebens ist. Sie entsteht durch Zellteilung, existiert für ein paar Stunden, Tage oder Jahre und stirbt spätestens dann, wenn ich sterbe; und mit meinem Körper geht es spätestens an dem Tag zu Ende, an dem es mit Homo sapiens vorbei ist.

Das genaue Betrachten all dieser Dinge führt nicht zuletzt zu der Erkenntnis: Jeder ist mit allem verknüpft. Nichts geht verloren, kein Atom, kein Elementarteilchen. Nur das Arrangement ändert sich. Unaufhörlich.

## Exponentielles Wachstum, die teuflische Funktion

In diesem Buch geht es um die Frage, was wir Menschen jetzt lernen müssen. Jetzt sofort. Nicht erst in zehn oder zwanzig Jahren. Denn die eigentliche, tieferliegende Frage ist: Wird es in dreißig oder hundert Jahren überhaupt noch Menschen geben?

Nun könnte man sagen, das alles ist ja längst bekannt. Jeder Virologe, jede Naturwissenschaftlerin kann uns kurz und bündig erklären, was es mit Pandemien und mit dem Klimawandel auf sich hat und was jetzt zu tun ist. Aber die Frage lautet: *Was müssen wir lernen*? Nicht: *Was müssen wir tun*?

Lernen bedeutet, genau hinzuschauen, zu vergleichen, abzuwägen und dann möglicherweise etwas *nicht* zu machen; immer mehr Autobahnen zum Beispiel, immer mehr versiegelte Flächen, wo früher Wiesen, Wälder und Gärten waren; noch mehr Müll aus Plastik, Bildern und Wörtern, noch mehr Fast Food, noch mehr dicke Kinder, wo früher gerannt, Fangen und Fußball gespielt wurde.

Es geht bei Weitem nicht nur darum, die Ärmel hochzukrempeln und eine von Experten vorgegebene Agenda abzuarbeiten. Das Buch *Die Grenzen des Wachstums*, eine von hervorragenden Fachleuten erstellte Studie,[6] liegt seit 1972 auf dem Tisch. In diesem *Bericht des Club of Rome zur Lage der Menschheit* wurde damals auf der Basis einer Computersimulation eine Art »Weltmodell« erstellt, um zu untersuchen, wie in den folgenden Jahrzehnten die globalen Prozesse aussehen könnten. Und zwar auf den Gebieten

- Industrialisierung,
- Bevölkerungswachstum,
- Unterernährung,
- Ausbeutung von Rohstoff-Reserven und
- Zerstörung von Lebensraum.

Warum ist seitdem – innerhalb von fünf Jahrzehnten, die nun längst vorbei sind – so wenig zur Verbesserung der Lage geschehen? Wieso haben wir es zugelassen, dass durch das exponentielle Wachstum der Erdbevölkerung unsere Umwelt immer mehr zerstört worden ist? Wieso hat die Menschheit fünfzig Jahre verplempert?

Aber, Vorsicht! Hüten wir uns bei diesen Fragen vor Antworten, die uns allzu schnell in den Sinn kommen: *Die* Mächtigen, *die* Superreichen, *die* Politiker haben uns die Suppe eingebrockt, und *wir alle* müssen sie nun auslöffeln. Die Wahrheit ist, wir alle gehören zur Menschheit, die fünfzig Jahre verplempert hat. Wir alle – ob alter Macho oder junge Hedonistin – sind nicht erst jetzt ungerechterweise am Auslöffeln beteiligt.

John F. Kennedy hat in seiner legendären Amtsantrittsrede vom 20. Januar 1961 zunächst zu seinen Landsleuten, dann zu *allen* Menschen gesprochen:

> *Und deshalb, meine amerikanischen Mitbürger: Fragt nicht, was euer Land für euch tun kann – fragt, was ihr für euer Land tun könnt.*
>
> *Meine Mitbürger in der ganzen Welt: Fragt nicht, was Amerika für euch tun wird, sondern fragt, was wir gemeinsam tun können für die Freiheit des Menschen.*[7]

Kennedy kritisiert sechzehn Jahre nach Ende des Zweiten Weltkriegs und mehr als sechzig Jahre vor Wladimir Putins Krieg gegen die Ukraine nicht nur die Bequemlichkeit und das Anspruchsdenken in seinem eigenen Land, sondern auch die Einstellung vieler NATO-Mitgliedsstaaten, die in Frieden und Freiheit leben möchten, aber nicht bereit sind, in ihrem Staatshaushalt einen ähnlich hohen Anteil für Verteidigungsausgaben vorzusehen wie die USA. Schon 1962, also im darauffolgenden Jahr, kam es in der »Kubakrise« zu einer Konfrontation zwischen den USA und der damaligen Sowjetunion, bei der die Menschheit am Rande eines weltweiten Atomkriegs stand.

In Anlehnung an die legendären Worte von John F. Kennedy bei seinem Amtsantritt im Jahr 1961[8] kann jeder an sich selbst appellieren: Frage nicht, was die Erde dir in Zukunft bieten kann; frage dich, was du für diese Erde tun kannst, damit es auf ihr noch eine Zukunft gibt.

Und dann, einfach anfangen. Mit messbaren Beiträgen zum Schutz der Natur – im Alltag, in der Familie, im eigenen Haushalt, in der Freizeit, im beruflichen Umfeld. Den Hebel umlegen, weg von alten Denkmustern, hin zu neuen Ideen.

Mit dem Finger auf andere zu zeigen ist die bequeme, die schäbige Methode. Sie verschafft kurzfristig Erleichterung, aber das System Homo sapiens wird dadurch keinen Zentimeter nach vorn gebracht. Diese Methode macht nicht glücklich. Das jedoch ist Dreh- und Angelpunkt dieses Buches – das Glück.

## Es ist fünf vor zwölf für den Homo sapiens

Es wird nicht reichen, dass ein kleiner Teil der Menschheit ein wenig dazulernt. Was wir dringend brauchen, ist ein nie dagewesenes Bildungsprogramm für uns alle. Für jeden Jungen und jedes Mädchen, jeden Manager und jedes Mitglied eines politischen Gremiums, jeden Bürger. Eine *exponentielle Lernkurve* für die Menschheit.

Die »Weltuntergangsuhr« läuft. Bildung heißt hier und heute: Lernen, dass wir sterblich sind – nicht nur als Individuen, auch als Spezies. Dass wir Menschen genauso wenig unantastbar sind wie das Mammut oder die Dinosaurier. Und schließlich die ungeheuerliche Tatsache begreifen, dass wir Menschen – anders als die Saurier – in der Lage sind, uns selbst vollständig zu vernichten.

**Lernen, dass wir sterblich sind**

Apropos Weltuntergangsuhr, eigentlich doomsday clock oder Atomkriegsuhr genannt, wobei »doomsday« für den »Jüngsten Tag« steht; sie wurde 1947 von ihren Urhebern, einer Gruppe von Atomwissenschaftlern, auf den Startwert sieben Minuten vor zwölf gesetzt, in Anspielung auf die Redewendung »Es ist fünf vor zwölf«. Damals waren gerade einmal zwei Jahre seit den Atombombenabwürfen auf die japanischen Großstädte Hiroshima und Nagasaki vergangen.

Allein in Hiroshima wurden durch die Explosion mehr als 70.000 Menschen auf der Stelle getötet. Inzwischen liegen diese entsetzlichen Vorgänge mehr als fünfundsiebzig Jahre zurück, und es hat seitdem gottlob keinen weltweiten Krieg mit einem Einsatz von Nuklearwaffen mehr gegeben. Bisher. Denn auf welch dünnem Eis wir uns Tag für Tag bewegen, führt uns schlagartig der Krieg in der Ukraine vor Augen, der jetzt, wo ich diese Zeilen schreibe, gerade begonnen hat und dessen Auswirkungen auf Europa und die gesamte Weltordnung noch völlig im Dunkeln liegen.

Wer sich jedoch heute lustig macht über »notorische Apokalyptiker« und »Klimahysteriker«, verhält sich wie ein Einfaltspinsel, der meint: Jemand, der bereits mehrmals gesagt hat, er will sich das Leben nehmen, ist nur ein Wichtigtuer; er wird noch oft darüber reden, aber er wird es nie tun. Ein gefährlicher und weit verbreiteter Irrtum.

Dass ein Suizid der Menschheit schon bald Wirklichkeit werden könnte, ist die Einschätzung der Wissenschaftler, die einmal pro Jahr darüber entscheiden, auf welche Position der große Zeiger der doomsday clock zu setzen ist. 1991 beispielsweise, nach dem Ende des Kalten Kriegs, stand die Uhr auf siebzehn Minuten vor zwölf. Aber diese an sich schon kurze Zeitspanne schrumpfte in den Jahren danach kontinuierlich. Im Januar 2022 wurde die Uhr auf einhundert Sekunden – also weniger als zwei Minuten – vor Mitternacht gestellt, wie schon in den beiden Jahren davor.[9] Demnach wären jetzt knapp 99,9 Prozent der vierundzwanzig Stunden abgelaufen.

Je nachdem, wo man den Ursprung der Menschheit, die Stunde Null ansetzt, beträgt die Restlaufzeit des Homo sapiens demzufolge dreißig oder dreihundert Jahre. Aber das alles sind Schätzwerte; es kann gut sein, dass es mit Homo sapiens viel später zu Ende geht, als manche es befürchten. Oder auch früher.

## Krieg und Frieden, Lüge und Wahrheit

Um dir ein Gefühl dafür zu geben, wie schnell »am Ende« alles gehen könnte und wie real die Doomsday-Gefahr ist, hier die ersten Sätze eines SPIEGEL-Artikels von Nils Minkmar, der am 2. Oktober 2020 erschien – kurz nachdem die Meldung von der Corona-Infektion des US-Präsidenten Donald Trump um den Globus gegangen war:

> *Zwei der großen Boeings, die die amerikanische Air Force als Kommandozentrale für den Angriffs- und Katastrophenfall bereithält, stiegen kurz vor der Bekanntgabe der Krankheit des Präsidenten auf. Der einzige Job dieser Maschinen ist es, den Befehl zum Atomschlag auszulösen, wenn von den USA nichts mehr übrig ist. Der Befehl zum Ende der Welt. Zwar fliegen sie immer mal wieder zur Probe herum, aber dass zwei »Doomsday Planes« zeitgleich über beiden Küsten kreuzen, wurde als ungutes Zeichen und obskure Botschaft gedeutet.*[10]

Kurz nach diesem bemerkenswerten Vorgang wurde seitens der US-Regierung mitgeteilt, die beiden Flüge der Boeing-Spezialflugzeuge seien schon vorher geplant gewesen; die zeitliche Überlappung mit der Bekanntgabe der Erkrankung des Präsidenten sei »rein zufällig«.[11] Ob man dieser offiziellen Mitteilung Glauben schenkt, hat sehr viel zu tun mit der Frage: Wie halten wir es mit

- der Klarheit, mit Vernunft und Logik,
- der Freiheit des Geistes
- und dem Mut zum Dagegenhalten?

Diese drei Kleinode, von denen noch die Rede sein wird, brauchen wir Tag für Tag, damit es nicht kurz vor dem Ende der Menschheit mit unserem Verstand zu Ende geht – in einer Zeit voller Lügen, Irreführungen und Verschwörungstheorien. Mit ein bisschen Logik kommen wir rasch zu dem Ergebnis: Es gibt seit 1973 Doomsday Planes – luftgestützte

US-Kommandozentralen für Krisenfälle; zweitens, die beiden besagten Flüge haben genau zu dem Zeitpunkt stattgefunden, als die lebensgefährliche Virus-Infektion des US-Präsidenten bekannt wurde; drittens war die Präsidentschaft von Donald Trump eine einzige Lug-und-Trug-Geschichte; viertens befand sich die Menschheit seit Hiroshima bereits mehrmals am Abgrund eines weltweiten Nuklearkriegs.

Es ist also damit zu rechnen, dass es schon in naher Zukunft keine Menschen mehr auf der Erde geben wird. Kennst du die Geschichte von dem Zoologen, der gefragt wird, wie das Aussterben der Dinosaurier zu erklären sei? Seine Antwort: »Die Frage ist falsch gestellt. Sinnvoller wäre es, zu fragen: Wie kommt es, dass es diese eigenartigen Lebewesen so lange auf unserem Planeten gegeben hat, nämlich einhundertsiebzig Millionen Jahre?«

Auch hierbei genügen die vier Grundrechenarten, um uns klarzumachen: Die Zeitspanne, in der Saurier auf der Erde lebten, ist 200 Mal so groß wie die, in der es Menschen gegeben hat, wobei hier natürlich das Ende noch offen ist. Tragen wir es mit Fassung, wir sind nicht so wichtig. Und irgendwann, vielleicht in 10.000 Jahren, werden sich intelligente Außerirdische bei einer Stippvisite auf dem Planeten Erde vermutlich die Frage stellen: Wie kommt es, dass nach der Erfindung der Nukleartechnik durch Homo sapiens diese Art noch mehr als hundert Jahre existiert hat?

## Umwelt, Klima, Pandemien – den Teufelspakt beenden

Die Schädigung der Erdatmosphäre, die Vergiftung von Wäldern, Flüssen und Meeren hat mittlerweile monströse Ausmaße angenommen; ein großer Teil dieser Entwicklung ist bereits unumkehrbar. Man stelle sich vor, im 19. Jahrhundert hätte jemand in einem Roman oder Essay das folgende Szenario skizziert: Acht Milliarden Menschen auf dem Planeten Erde halten es nicht für nötig, ihren Müll nachhaltig zu entsorgen. Tag für Tag erzeugen sie außer dem privaten Abfall gigantische Mengen industrieller Schadstoffe und Chemikalien, mit denen sie nicht nur die Gewässer belasten, sondern Äcker, Wiesen und Wälder; ebenso die Luft und die gesamte Erdatmosphäre. Eine Fiktion? Nein, das ist heute die Wirklichkeit.

Und diese acht Milliarden Menschen machen immer weiter, wie vom Teufel geritten. Sie fahren in die falsche Richtung und erhöhen das Tempo – beim Verbrauch von nicht erneuerbaren Ressourcen, in der Informations-, Nuklear- und Gentechnik. Sie greifen immer massiver ein in organische und klimatische Prozesse, die sich über Jahrmilliarden entwickelt haben, und sind »überrascht«, wenn die Natur brutal zurückschlägt – in Form von »völlig neuartigen« Pandemien und »nie dagewesenen« Waldbränden oder Flutkatastrophen.

Ich sage dir, was noch nie dagewesen ist: eine so enorm große Population der Spezies Homo sapiens auf diesem Planeten – mehr als das Zwanzigfache des Status' von vor 1000 Jahren. Die Metropolregion Tokio hat inzwischen knapp vierzig Millionen Einwohner, das entspricht der Bevölkerung sämtlicher Provinzen des Römischen Imperiums rund ums Mittelmeer kurz nach Christi Geburt.[12] Und schätzungsweise ein Promille der heute lebenden Menschen, die acht Millionen klügsten Köpfe dieser an sich schon »weisen« Spezies, arbeitet fieberhaft an immer raffinierteren Technologien, mit denen man noch schneller und effizienter den Ast absägen kann, auf dem die ganze acht Milliarden Köpfe zählende Sippschaft sitzt.

Sehen wir es so: Jeder von uns ist nur für kurze Zeit – für die Dauer seines Lebens – zu Besuch auf dem Planeten Erde. Als Gast. Wir alle sind Erdgäste. Der Planet gehört uns nicht. Er ist so wenig unser Eigentum wie ein Verkehrsflugzeug, zu dessen Passagieren wir gehören. Warum benehmen sich dann so viele »Fluggäste« völlig daneben? Wieso begreifen sie nicht, dass dies zu einer finalen Katastrophe führen kann? Oder weniger bildhaft gesprochen: zum Ende der Menschheit.

**Wir alle sind Erdgäste.**

Wenn aber die eben erwähnte »Elite« der klügsten Köpfe dafür sorgt, dass aus unserer Art eines Tages ein Zoo von Cyborgs[13] geworden ist, dann wird auch das für mich das Ende der Menschheit sein.

Grund allen Übels ist, dass kaum jemand sich in der *unmittelbaren Verantwortung* sieht. Jeder denkt, es ist ja nicht mein Plastikmüll, nicht mein $CO_2$. Und selbst wenn, die Meere und Wälder, die gesamte Biosphäre ist doch riesig. Nein, ist sie nicht. Auf dem Globus, der einem Christoph Kolumbus noch unermesslich groß erschien, ist es mittlerweile so eng geworden wie in einer überfüllten Eckkneipe. Es wird ungemütlich, womöglich gibt es bald kein Bier mehr. Und weit und breit ist kein anderes Lokal in Sicht.

## Balance, Achtsamkeit, Lebensfreude

Im Grunde ist alles ganz einfach: Wenn wir es nicht schaffen, das Fahrrad Homo sapiens noch eine Weile am Laufen zu halten, wenn dieser alte Drahtesel plötzlich umkippt, brauchen wir uns keine Gedanken mehr zu machen über neue SUV-Modelle, Börsenkurse oder den nächsten Karibik-Urlaub.

Der erste und wichtigste Schritt ist, dass wir zur Besinnung kommen. Dass wir uns selbst mit all unserer Dummheit, Bequemlichkeit und Anmaßung infrage stellen. Wir Menschen können uns nicht weiter ohne Rücksicht auf Verluste ausdehnen. Wohin denn auch? Die Erde, unsere kleine, sonnige Insel im kalten Ozean des Universums, ist endlich, wunderschön und wie für uns gemacht. Fangen wir also an, zu lernen: Achtsamkeit, zur Ruhe kommen, runterschalten.

Winston Churchill hat einmal gesagt: »Wir alle sind Würmchen, nur glaube ich, dass ich ein Glühwürmchen bin.« Achtsamkeit bedeutet auch Selbstachtung. Dass ich zu meinen ureigenen Träumen und Wünschen zurückfinde. Zu dem Kind in mir. Dem kleinen Jungen, der sich den fröhlichen Furz nicht verkneift. Und dem siebenjährigen Mädchen, das sich bei Regen und Wind frühmorgens auf den Weg macht, die Welt zu erkunden.

# Henry, eine Schildkröte im Universum

Henry ist keine gewöhnliche Schildkröte. Mit zehn Zentimetern pro Sekunde ist er zwar kein großer Sprinter; Bertie, die schnellste Schildkröte unseres Planeten, ist dreimal so schnell wie er.[14] Aber Henry ist eine echte Langstreckenkröte, er schafft die zehn Zentimeter nicht nur hin und wieder in einer Sekunde; er marschiert konstant mit dieser Geschwindigkeit, seit es ihn gibt. Seit vierzehn Milliarden Jahren.

Wie kann das sein? Nun, Henry war einfach schon immer da. Beim Urknall wurde er, zusammen mit dem Rest der Welt, hinausgeschleudert in die Weiten des Alls, und zwar mit seiner speziellen Geschwindigkeit – in jeweils zehn Sekunden kam er einen Meter weiter im Weltraum. Es wurde ihm also nicht schwindlig dabei, und bis heute hat sich daran nichts geändert. Die Entstehung der Milchstraße hat er genauso hautnah – beziehungsweise panzernah – miterlebt wie die Geburt unseres Sonnensystems. Warum er auf dem Planeten Erde gelandet ist? Rein zufällig.

## Die schönen Tage von Rottweil

Erst recht war es ein Zufall, dass er sich irgendwann auf der Aschenbahn des Stadions von Rottweil befand. Wenn man jedoch bedenkt, dass dies die älteste Stadt Baden-Württembergs ist, gibt es wiederum Sinn. Schon bei ihrer Gründung durch die Römer vor etwa 2000 Jahren war, wie könnte cs anders sein, Henry mit dabei. Er ist somit ein waschechter Rottweiler, worauf er ein wenig stolz ist. Auf der 400-Meter-Bahn des Stadions, nicht weit vom schönen Neckar, dreht Henry seit dem Tag der Stadioneröffnung seine Runden.

Wer aber in diesen Tagen nach Rottweil fährt, um Henry auf der Aschenbahn zu besuchen und mit ein paar Salatblättern zu füttern, staunt nicht schlecht. Denn diese Schildkröte scheint sich nicht vom Fleck zu rühren. Henry hockt wie angewurzelt auf der roten Asche und schafft in einer Sekunde nicht etwa zehn Zentimeter, sondern keinen einzigen Millimeter. Und jetzt kommt's: Die Zehntklässler Hannah, Willy und Aki, die alle drei dieselbe Klasse eines Gymnasiums in Rottweil besuchen, haben im Rahmen eines Schulprojekts herausgefunden, dass ein einziger Millimeter auf Henrys Reise einem Zeitraum von 1000 Jahren der Weltgeschichte entspricht!

Das heißt, diese ungewöhnliche Kröte bewegt sich nicht etwa mit 10 cm/s durch das Stadion von Rottweil, es ist etwas komplizierter. Willy, der Mathematiker im Team der drei Teenager, der trotz aller Begeisterung für Algebra einen Sinn fürs Praktische hat, erstellt auf dem Rasen des Rottweiler Stadions kurzerhand die folgende Tabelle, um ein wenig Licht in das kosmische Dunkel zu bringen:

| **Von Henry zurückgelegte Strecke** | **Zeitspanne in der Weltgeschichte** |
|---|---|
| 1 Millimeter | 1000 Jahre |
| 1 Meter | 1 Million Jahre |
| 14 Kilometer<br>(35 Stadionrunden) | 14 Milliarden Jahre<br>(Alter des Universums) |

»Ich glaube, ich hab's«, sagt Hannah, die Team-Philosophin, während sie Willy bei seiner tabellarischen Auflistung über die Schulter schaut.

»Schieß' los«, platzt es aus Aki heraus. Er ist der typische Macher, der die anderen im Sport- und Werkunterricht überflügelt; Geduld und Zahlenkolonnen erstellen sind nicht seine Stärke.

»Naja«, meint Hannah, »ich denke, die Strecken sind nur eine Art Medium, eine Metapher.«

»Kannst du mal Klartext reden?«

## Aus einer Idee wird ein Projekt

Hannah lässt sich nicht aus der Ruhe bringen: »Es ist doch klar, dass Henry nicht wirklich 1000 Jahre braucht, um einen Millimeter auf dieser Aschenbahn zurückzulegen. Vor 1000 Jahren gab es unser Stadion ja noch gar nicht.«

»Und was schließt du daraus?« Jetzt ist auch Willy ein wenig ungeduldig geworden.

»Ganz einfach, der liebe Henry projiziert die gesamte Geschichte des Universums auf eine Längenachse. Die Streckenintervalle sind Abbilder von Zeitintervallen. Und mit Abbildungen und Relationen kennt sich ein Mathe-Ass wie du doch bestens aus, Willy.«

»Mit anderen Worten, hier geht es nicht wirklich um Geschwindigkeit, also den Quotienten von Strecke und Zeit ...«

»Sondern?«, unterbricht Aki.

»Sondern«, fährt Willy fort, »um das Verhältnis von kosmischer Zeit zu unserer Menschen-Zeit.«

»Aha«, sagt Aki, »ich glaube, jetzt hat's auch bei mir klick gemacht. Während für uns eine Hundertstelsekunde vergeht, ist Henry viel, viel älter geworden.«

»Ja, und zwar 1000 Jahre.« Willy rechnet noch einmal alles durch:

- Henry schafft auf seiner Welt-Zeitreise in einer Sekunde 10 Zentimeter, sprich 100 Millimeter, also
- in einer Hundertstelsekunde 1 Millimeter,
- und ein Henry-Millimeter entspricht laut Tabelle 1000 Jahren in der Weltgeschichte.

In den Köpfen der drei drehen sich die Zahlen. Nach einer Pause fasst Willy alles noch einmal zusammen: »Henry altert einfach viel schneller als wir. Wenn für uns Menschen eine Sekunde vergeht, also hundertmal eine Hundertstelsekunde, dann sind für Henry 100.000 Jahre vergangen. Und wenn man das in Sekunden umrechnet, erhält man:

$$100.000 \cdot 365 \cdot 24 \cdot 60 \cdot 60 = 3.154.000.000.000$$

Unser Freund Henry altert also circa drei Billionen Mal so schnell wie wir.«

Hannah hat eine Idee: »Wir müssen doch bis übernächste Woche unseren Mathe-Fachvortrag fertigkriegen. Wir hatten uns das Thema ›Achilles und die Schildkröte‹ ausgesucht.«

»Ja, und?«, fragen die beiden anderen.

»Na, eine Schildkröte haben wir doch schon. Wir brauchen nur noch einen Achilles. Und das machst du, Aki – es passt schon vom Namen her; außerdem bist du der beste Sprinter in der Klasse. Das gibt ein Super-Video.«

Aki grinst, Willy ist noch ein wenig skeptisch: »Du willst also einen Film mit Aki und Henry drehen. Okay, Hannah, aber wie soll das funktionieren mit einer Schildkröte, die unendlich langsam ist oder – je nachdem, wie man's nimmt – flitzt wie der Teufel?«

»Das lass mal meine Sorge sein, dazu hab ich mir schon etwas überlegt. Willy, du übernimmst die Kamera, und du, Aki, machst anschließend den Schnitt und die Animationstechnik, mit Zeitraffer, Zeitlupe usw.«

Willy schaut seinen Freund vielsagend an: »Aki, ich schätze, damit hat sich unsere Chefphilosophin gerade selbst zur Projektleiterin ernannt.«

## It's Showtime, Henry

Zehn Tage später stehen die drei vor der Klasse 10a ihres Gymnasiums, um das Ergebnis ihrer Teamarbeit zu präsentieren. Auf die Stirnwand des Klassenraums haben sie die Titel-Folie des Vortrags projiziert:

DER WETTLAUF ZWISCHEN ACHILLES UND DER SCHILDKRÖTE

Als erster legt Willy los. Nach ein paar einleitenden Worten zeigt er eine Folie mit einer Grafik. Rechts sieht man eine Schildkröte und links Achilles, den Athleten der Antike, der nebenbei ein Halbgott war. Am Kopf der Kröte und an Achilles' Haltung erkennt man die Laufrichtung, es wird von links nach rechts gerannt.

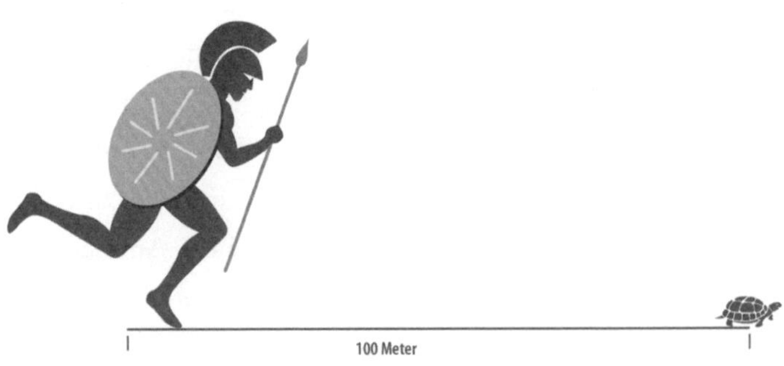


*... aber er erreicht sie nie!*

Willy erklärt kurz die Situation:

- Die Schildkröte legt in einer Sekunde 10 cm zurück, in zehn Sekunden also einen Meter.
- Achilles schafft in zehn Sekunden 100 Meter.
- Genau 100 Meter Vorsprung gibt der Held von Troja seinem Gegner, das heißt:
- Wenn Achilles den Startpunkt der Kröte erreicht hat, ist sie 1 Meter weitergekommen.

Auf der nächsten Vortragsfolie erscheinen zwei Fragen:

- Wenn Achilles auch diesen Meter zurückgelegt hat, wo befindet sich in dem Moment die Schildkröte?
- Wie geht das Spiel weiter?

Nun bekommt die Klasse einen Arbeitsauftrag. Es werden Teams gebildet, die jeweils eine Tabelle erstellen sollen, mit der sich die beiden Fragen beantworten lassen. Schon nach einigen Minuten unterbricht Willy die Gruppenarbeit, um die Lösungen zu überprüfen, obwohl die meisten Teams noch nicht fertig sind. Dabei stellt sich heraus: Fast immer wurden nur die stets kleiner werdenden Strecken aufgelistet, die von Achilles und der Schildkröte zurückgelegt werden. Nur wenige haben in einer zusätzlichen Spalte die entsprechenden Zeitspannen vermerkt, und nur *ein* Team hat den Zeitpunkt notiert, zu dem Achilles die Kröte überholt hat.

Mit verschmitztem Lächeln zeigt Willy die nächste Folie:

DIE WILLY'SCHE VERMUTUNG:
*Achilles kommt der Schildkröte beliebig nahe,*
*aber er erreicht sie nie!*

Willy erläutert, dass schon die alten Griechen sich mit diesem Paradoxon schwertaten. Und auch jetzt dauert es eine Weile, bis alle begriffen haben:

Wir haben uns zu sehr auf den Weg konzentriert und
dabei Zeit und Geschwindigkeit vergessen.

»Für Physiker und Ingenieure«, sagt Willy, »ist die Situation ganz einfach. Sie denken nicht in Zahlen, sondern in Geschwindigkeiten und erkennen sofort: Nach 20 Sekunden wird Achilles 200 Meter zurückgelegt haben, die Schildkröte aber insgesamt nur zwei Meter. Obwohl sie also beim Start einen Riesenvorsprung hatte, liegt sie nun weit zurück.«

In der letzten Folie wird all das mathematisch zusammengefasst: *Eine Summe mit unendlich vielen zu addierenden Zahlen kann einen endlichen Wert haben.*

Der Beifall ist nicht gerade überwältigend, das Publikum wirkt erschöpft.

## Ein Video für die Ewigkeit

Nach einer zehnminütigen Pause sind Hannah und Aki an der Reihe. Aki drückt auf das Start-Symbol für ein Video mit dem Titel:

## ACHILLES UND DIE SCHILDKRÖTE EINE ALTE GESCHICHTE WIRD NEU ERZÄHLT

In diesem Video geht es mächtig rund, im wahrsten Sinne des Wortes. Gleich zu Beginn sieht man, begleitet von bizarren Gitarrenriffs und Trommelwirbeln, das Stadion in Rottweil, aus hundert Metern Höhe von einer Drohne aufgenommen. Die Kamera lässt das Auge des Betrachters immer wieder die 400-Meter-Bahn umrunden, zunächst langsam, dann immer schneller. Durch gleichzeitiges Zoomen geraten die Zuschauer in einen Abwärtsstrudel, bis plötzlich ein gewaltiger Gongschlag ertönt und eine Schildkröte in Überlebensgröße auf der Aschenbahn erscheint. Eingeblendet wird in schwarzer Schrift:

UNSER FREUND HENRY

Gleich danach erscheint die Tabelle, die Willy kürzlich auf dem Stadionrasen angefertigt hat, allerdings nur der obere Teil:

| **Von Henry zurückgelegte Strecke** | **Zeitspanne in der Weltgeschichte** |
|---|---|
| 1 Millimeter | 1000 Jahre |

Aki drückt auf PAUSE, um das Bild festzuhalten und kurz zu erläutern, welchen ganz besonderen Draht zur Weltgeschichte die Schildkröte Henry hat. Das Publikum braucht eine weitere Verschnaufpause, um diese haarsträubende Story einigermaßen zu verdauen. Dann erklärt Aki, dass man das Alter des Universums – ausgehend von der Urknall-Theorie – auf circa 14 Milliarden Jahre schätzt und dass es seit etwa 300.000 Jahren Menschen gibt.

Die Klasse bekommt nun die Aufgabe, weitere Zeilen zur gezeigten Tabelle hinzuzufügen, um herauszufinden: Wie viel Henry-Kilometer entsprechen dem Alter des Kosmos? Wie viel Runden auf der 400-Meter-Bahn sind das? Und welche Strecke ergibt sich demgegenüber für das Alter der Menschheit?

Wenig später kann Aki das Ergebnis zusammenfassen:

*Alter des Universums* ➞ *35 Stadionrunden (14 km)*
*Alter der Menschheit* ➞ *30 Zentimeter*

Dann geht es weiter mit dem Video, bei dessen Produktion Aki, der Teufelskerl, alle Register der Animation gezogen hat: Die Kröte Henry wird schneller und schneller auf der 400-Meter-Bahn, die sich plötzlich vervielfacht und zu einer Riesenschraube wird. Immer mehr 400-Meter-Bahnen türmen sich übereinander, und Henry marschiert mit einem Affenzahn Windung um Windung nach oben. Jedes Mal, wenn er die Ziellinie der 400-Meter-Bahn überquert, wird die Nummer der neuen Runde eingeblendet.

Jetzt ist Stimmung in der Klasse 10a. Das Publikum geht mit, es wird gelacht und gejohlt. Henry hat gerade mit der fünfunddreißigsten Runde begonnen, da verlangsamt sich sein Tempo; gleichzeitig geht die Kamera näher heran an den gepanzerten Sprinter. Am Rande der Aschenbahn erscheinen plötzlich Markierungsschilder wie »Die ersten Pflanzen«, »Amphibien«, »Reptilien«, »Ursprung der Dinosaurier«, »Ende der Dinosaurier«, während Henry immer langsamer wird. Er kommt aus der Kurve heraus und bewegt sich in Richtung Ziellinie, wo jetzt eine Gestalt auftaucht.

*Vertauschte Rollen: Henry auf Achilles' Fersen*

Henry nähert sich der Gestalt, und schon bald erkennt man, das ist Aki! Er trägt einen Helm, wie Achilles, der Held von Troja, ist mit Schild und Speer bewaffnet, sein linker Fuß ist auf dem Boden, das rechte Bein angewinkelt, und er passiert in extremer Zeitlupe die Ziellinie. Im nächsten Moment ist er verschwunden, und man sieht: Henry befindet sich schon in der sechsunddreißigsten Runde. Es folgt ein erneutes Zoom, die Kröte wird immer kleiner und immer schneller, es erscheinen die nächsten Windungen der großen Schraube. Ende. Abspann mit Sphärenklängen.

Nach dem Riesenbeifall fürs Video zieht Hannah auf einem Flipchart das Fazit aus all den Bildern, Zahlen und Fakten:

- Aki steht für die Menschheit, Henry fürs Universum.
- Die ganze Geschichte von Homo sapiens ist aus Henrys Sicht nicht mehr als das Leben einer Eintagsfliege aus der Sicht einer hundertjährigen Oma.
- So wie es mit den Sauriern irgendwann zu Ende ging, wird es eines Tages mit der Menschheit vorbei sein.
- Das Universum wird danach noch Milliarden Jahre existieren.

Nach dem Abschluss-Applaus dankt der Mathematiklehrer kurz den drei Vortragenden und erklärt dann, wie er ihre Leistung bewertet: Thema verfehlt. Vor allem die fundamentalen Begriffe »unendliche Reihe« und »Limes« seien nicht präzise definiert worden. Aber in Anbetracht der redlichen Bemühungen des Teams gebe es die Note Vier minus.

Die Philosophielehrerin der 10a bekommt anschließend Wind von der Sache, schaut sich das Video an und drückt bei der Schulleitung durch: Hannah, Aki und Willy werden mit ihrer Projektarbeit für die Teilnahme am deutschlandweiten Schülerwettbewerb »Philosophie« angemeldet.

## Das Ende der Geschichte

Am Nachmittag machen sich die drei auf den Weg zum Stadion, um Henry ein wenig Futter und Wasser zu bringen und um ihm ihr Herz auszuschütten. Sie haben, jeder auf seine Art, sehr mit ihren Gefühlen zu kämpfen – mit dieser eigenartigen Mischung aus Frustration und Triumph. Vor allem die sonst so besonnene Hannah lässt ihrer Wut freien

Lauf: »Dieser Kerl ist ein fundamentaler Armleuchter. Aber in Anbetracht seines biblischen Alters ...«, »Moment mal«, wird sie von Aki unterbrochen, »von wem sprichst du? Von unserem Freund Henry?«

Die Frage löst schallendes Gelächter aus, die Stimmung ist auf einmal sehr gelöst. Henry ist an seinem gewohnten Platz. Nachdem Hannah und die beiden Jungs ihrem Freund vom Ablauf und von der Bewertung ihres Vortrags erzählt haben, quittiert dieser den Bericht mit einem milden Lächeln, wobei er das linke Auge im Zeitlupentempo zukneift.

Und in der nächsten Sekunde ist da, wo eben noch Henry hockte, nichts als eine kleine Rauchwolke zu sehen. Nach wenigen Augenblicken hat sich der Rauch verflüchtigt. Auf der Aschenbahn liegt ein schwarzer Zettel, darauf steht in weißer Schrift: CARPE DIEM. Wie gesagt, Henry ist keine gewöhnliche Schildkröte.

# Den Tod achten, das Leben lieben

Jetzt ist es raus, der Tod ist eine griechische Landschildkröte. Und wir dachten, er sei ein Skelett mit einer Sense in der Knochenhand.

Da, wo Henry sich auf der großen Schraube der Weltgeschichte gerade befindet, verläuft die haarfeine Linie der Gegenwart. Vor ihm liegt die Zukunft, hinter ihm die Vergangenheit – die Entstehung des Universums und unseres Sonnensystems, das Auftauchen und Verschwinden der Saurier auf der Erde, Ursprung der Menschheit, Beginn der Zivilisation, Trojanischer Krieg ... und immer dann, wenn Henry aufkreuzt, finden die Hoffnungen und Pläne der Menschen schlagartig ihr Ende. Aus, vorbei, finito.

Und er kriegt sie alle, unser kleiner Freund mit den klugen, uralten Augen. Auch den großen Achilles. Nicht er ist der Jäger, sondern Henry. Der weist ihn sachte darauf hin, dass auch ein Halbgott sterben muss; halb unsterblich gibt es nicht. Das ist die Botschaft der Sage vom Troja-Helden, dessen Körper unverwundbar ist – bis auf diese eine Stelle, die nach ihm benannte Achillessehne.

Aber wie schon vor Beginn des Trojanischen Krieges, der – wenn er denn stattgefunden hat – nun mehr als dreitausend Jahre zurückliegt, ist diese Botschaft auch danach nie bei denen angekommen, die es am meisten betrifft. Bei all den Cäsaren, Eroberern und Staatschefs, die irgendwann dem Größenwahn verfallen und sich für unsterblich halten. Wir können vermuten, dass die Stunde des Todes, nach einem Leben voller Gewalt, für viele von ihnen grauenvoll war oder sein wird.

## Die Montaigne-Methode

Wir sollten nicht weiter über weltberühmte Massenmörder spekulieren, ich will niemanden zu sehr ängstigen. Reden wir stattdessen einmal über dich, lieber Leser, liebe Leserin. Wie stellst du dir denn *deinen* Sterbeprozess vor? Jetzt vergeht dir vollends die gute Laune, meinst du? Das verstehe ich. Wilhelm Raabe hat es schon vor langer Zeit erkannt: »Über den Tod kommt jeder leicht hinweg, aber mit dem Sterben ist's eine andere Sache.« Und das Sterben beginnt ja nicht erst eine Stunde oder einen Tag vor dem Eintritt des Todes; dieser Prozess hat – wenn man es *zu Ende* denkt – angefangen zum Zeitpunkt der Geburt.

Was passiert, wenn dieser gern verdrängte, aber keineswegs utopische Gedanke an den eigenen Tod plötzlich in deinem Gehirn auftaucht? Um die Sache ein wenig plastischer zu gestalten, nehmen wir an, dein Arzt teilt dir gerade mit, dass du nur noch drei Monate zu leben hast.

Mein Gott, denkst du. Ja, Gott ist dein erster Gedanke, wo du doch seit Jahrzehnten bekennender Atheist bist. Welche Bilder gehen dir jetzt, nach dem Lapsus »mein Gott«, durch den Kopf?

Seit der Zeit, als man sich noch Geschichten von *Freund Hein*, dem *Gevatter Tod* erzählte, wird er in Zeichnungen und Holzschnitten als Knochengerüst dargestellt, mal mit Kapuze oder Schlapphut, mal ohne Kopfbedeckung. Was niemals fehlt, ist die Sense. Die Empfehlung des Philosophen Montaigne, uns den Tod zum Freund zu machen, klingt somit nicht allzu verlockend. Ein Skelett mit leeren Augenhöhlen, allzeit bereit, mit seinem praktischen Agrargerät jeden niederzumähen, der sich nicht schnell genug aus dem Staub gemacht hat, als Kumpel? Da lobe ich mir Henry – mit Panzer, ohne Sense. Eine Schildkröte, die uns aufmerksam anschaut, während wir ihr Salatblätter reichen als Zeichen unserer Freundschaft.

Michel de Montaigne, der große Vorbote der europäischen Aufklärung, hat im sechzehnten (!) Jahrhundert seine *Essais* verfasst, eine damals völlig neue Art, seine Gedanken aufs Papier zu bringen. Er schrieb über Gott und die Welt, über die alten Römer, übers Sterben, über Erziehung und Probleme beim Urinieren. Das alles wirkt auf uns frischer und moderner als vieles, was man heute zu lesen bekommt. Dieser respektlos geistreiche Franzose warnt uns ohne Umschweife davor, ein Leben lang vor dem Tod wegzulaufen:

> *Der Tod lauert auf uns in allen Ecken ... Man geht, man kommt, man springt, man tanzt ... Aber kommt er dann auch zu ihnen selbst oder zu ihren Weibern, Kindern und Freunden ... was für ein Geheule, was für eine Wut, welche Verzweiflung! ...*
>
> *Um damit anzufangen, ihm seinen großen Vorteil über uns abzugewinnen, müssen wir eine der gewöhnlichen ganz entgegengesetzte Methode einschlagen. Benehmen wir ihm das Fremde, machen wir seine Bekanntschaft, halten wir mit ihm Umgang ...*
>
> *Es ist ungewiss, wo uns der Tod erwartet; erwarten wir ihn also allenthalben! Sinnen auf den Tod ist Sinnen auf Freiheit. Wer sterben gelernt hat, versteht das Dienen nicht mehr.*[15]

Es ist ein genial einfaches Verfahren, das Montaigne uns ans Herz legt; gründend auf der Erkenntnis: Nicht der Tod ist das Problem, sondern die Angst vor ihm. Und diese Angst ist nicht unabänderlich. Wer sich vor großen Hunden fürchtet, kann das durch ein entsprechendes Training ändern. Die Frage ist, geht das auch bei kleinen Schildkröten?

Die Angst vor irgendetwas lässt erfahrungsgemäß nach, sobald man sich mit diesem Etwas ein wenig vertraut gemacht hat. Nur, wer hat schon einschlägige Erfahrungen mit dem Sterben und ist somit ein guter Trainer in diesem Metier? Mir kommt da der sogenannte Brautunterricht der katholischen Kirche in den Sinn, den es vor nicht allzu langer Zeit noch gab: Der zölibatär lebende Pfarrer weihte das junge Paar in den Wochen vor der kirchlichen Trauung in die Geheimnisse einer glücklichen Ehe ein, wobei er selbst keinerlei praktische Kenntnisse im Teilen von Tisch und Bett mitbrachte. Wenn doch, durfte er nicht laut darüber reden.

Ähnlich wie das katholische Brautpaar befinden wir uns beim Thema Tod in einem Dilemma: Alle, die uns hierzu Tipps geben, sind selbst noch nie gestorben. Und umgekehrt steht jeder, der diese Kompetenz gerade erlangt hat, von diesem Moment an nicht mehr als Coach zur Verfügung. Aber es gibt Grenzfälle; Rüdiger Safranski beschäftigt sich in seinem Buch *Einzeln sein* – auch in ihm geht es um den Tod, den Teufel und das persönliche Glück – intensiv mit Montaigne und speziell mit dessen Nahtoderlebnis.[16] Demnach hatte der Erfinder der »Montaigne-Methode« tatsächlich handfeste Erfahrung in puncto Sterben.

Einem Dilemma begegnen die meisten Menschen hilflos. Sie betrachten es nicht als Aufforderung zur Problemlösung, ganz im Gegenteil, meistens spielen sie einfach auf Zeit. Der Philosoph Epikur hat genau das empfohlen:

> *Dem Tod, dem am meisten gefürchteten Übel, müssen wir daher nicht mit Sorge begegnen; denn solange wir sind, ist der Tod noch nicht, und wenn der Tod ist, sind wir nicht mehr.*

Das klingt nach »Don't worry, be happy«, also beruhigend; und obendrein schlüssig. Aber auf lange Sicht können Epikurs Argumente uns kaum die Angst vor dem Tod nehmen. So sieht es auch Tom Morris, bei dem ich das Zitat gefunden habe. In seinem kurzweiligen Buch *Philosophie für Dummies* setzt er sich eingehend mit dem Tod und der Angst vor dem Sterben auseinander.[17] Und die Leserin merkt schon bald, dieser Bursche ist kein Freund von Traurigkeit. Tatsächlich war Morris schon als Student Rockgitarrist in einer Band, und nachdem er etliche Jahre als Philosophieprofessor an einer Universität gelehrt hatte, machte er irgendwann Schluss damit und wurde freier Schriftsteller, Redner und Motivationstrainer.

Zurück zu Montaigne. Auch er war ein Mann der Tat und der Lebensfreude. Er wäre kaum Bürgermeister von Bordeaux geworden, hätte er nicht – bei all seiner Bildung von adligen Kindesbeinen an, mit Privatunterricht in lateinischer Sprache – auch eine zupackende Art gehabt. Dieser Mensch hat erkannt, dass wir uns selbst ohne Not in die Defensive bringen, wenn wir den Tod meiden wie die Pest. Erst durch eine Wende um hundertachtzig Grad werden wir uns aus dieser misslichen Lage befreien – indem wir das *Sterben lernen*, beispielsweise durch das Verfassen eines Testaments oder einer Patientenverfügung.

Statt den Tod als fremd, unappetitlich, bedrohlich und ungerecht zu brandmarken, sollten wir uns klarmachen:

- Das Sterben gehört zum Leben. Jedes Lebewesen ist damit zugleich ein Sterbewesen. Der Tod hat im Grunde nichts Befremdliches, er ist etwas sehr Natürliches.
- Auch die Geburt eines kleinen Menschenkindes – mit all dem Blut, dem Schleim und den Schreien – hat für manche zunächst etwas Abstoßendes. Nicht jedoch für die Hebamme. Auch nicht für die Gebärende oder das Neugeborene – beide haben genug mit ihrem Kampf ums Überleben zu tun. Ebenso wird ein werdender Vater, der das alles miterlebt, nicht unbedingt angewidert sein; für

ihn kann es einer der schönsten Tage seines Lebens werden. Bei mir jedenfalls war es so.

- Geburtshilfe ist das Gegenstück zur Sterbebegleitung. Und weil diese beiden Erfahrungen komplementär im Sinne von Yin und Yang sind, können wir aus dem einen Vorgang lernen, um den anderen besser zu bewältigen. Jede Hebamme könnte vermutlich Menschen dabei helfen, die Angst vor dem Sterben zu verlieren – durch frühzeitiges, systematisches Vorbereiten auf den Transformationsprozess, wie vor einer Geburt.
- Der Tod ist nicht bedrohlich. Dass ich sterben werde, ist keine Drohung, sondern eine unabänderliche Tatsache.
- Und wer ihn, den Tod, als »ungerecht« bezeichnet, verleumdet ihn. Das Gegenteil ist der Fall.
- Das Sterben der Menschen, Tiere und Pflanzen auf dem Planeten Erde ist nur eine Unterrubrik des Kapitels *Vergänglichkeit* im Buch *Geschichte des Universums*, mit dem wir uns ja schon ein wenig beschäftigt haben. Das bedeutet: Nicht nur das einzelne Exemplar einer Pflanzen- oder Tierart ist sterblich; ebenso wird eine gesamte Spezies, die irgendwann entstanden ist, eines Tages wieder vergehen. Auch die Menschheit wird sterben, nur kennt niemand im Voraus das genaue Datum. So wie es bei jedem einzelnen Menschen ist.

## »Dass nichts bleibt, dass nichts bleibt, wie es war«

... so heißt es in Hannes Waders Song, der zum Volkslied geworden ist: »Heute hier, morgen dort«.[18] Zu wissen, dass es dieses Gesetz des stetigen Wandels gibt, davon zu singen, zu schreiben, zu reden – kein Problem. Eine andere Sache ist es – und das haben Montaigne und Raabe erkannt –, immer wieder die Konsequenzen zu ertragen, all die Abschiede und Verluste.

Du wirst im Moment deiner Geburt in diese Welt gestellt, ohne dass dich jemand dafür um dein Einverständnis gebeten hätte. Von dem Augenblick an musst du mit den Wechselbädern und Umbrüchen, allen Glücksmomenten und Katastrophen in deinem Leben zurechtkommen. Dabei wünschst du dir schon als Kind vor allem Stabilität und Geborgenheit. Wie sollst du als Achtjährige verstehen, dass dein Vater sich von deiner Mutter trennt, dass es eure kleine Familie nun nie mehr geben wird? Wie kann ein Zehnjähriger akzeptieren, dass sein bester Freund tödlich verunglückt, dass die Gespräche, die Radtouren und das Herumalbern mit ihm für immer vorbei sind? Und wenn er erwachsen ist, wird es ihm dann und wann noch einen kleinen Stich versetzen, wenn er an den Filmriss in seinen Kindertagen zurückdenkt.

In Eike Christian Hirschs *Witzableiter*, einer – wie es im Untertitel heißt – Schule des Gelächters, findet man die folgende Geschichte:

> *»Der kleine Ernst ist krank und liegt in seinem Bett. Der Arzt kommt zu einem Hausbesuch, um ihn zu untersuchen. »Wo tut's denn weh, junger Mann?«, fragt er den Kleinen. Der macht ein ganz unglückliches Gesicht und sagt: »Das ganze Ernstchen tut mir weh.«* [19]

Wenn wir ehrlich sind, müssen wir zugeben, so wie der kleine Ernst fühlen wir uns an manchen Tagen. Wir können nicht genau erklären, warum, es geht uns einfach mies. Und jeder von uns hat ab und zu das Recht auf einen solchen Ernstchen-Tag. Viel zu oft verleugnen wir das Kind in uns, das in manchem Neunzigjährigen immer noch lebendig ist. Wir lassen damit das Wertvollste in uns im Stich – unsere wahre Identität, den göttlichen Funken.

**Das Kind in uns**

Aber es hilft alles nichts, du wirst erwachsen, und jedermann erwartet von dir, dass du deinen Job machst und nicht nur faule Witze oder wehleidige Bemerkungen. Du kannst nicht alle drei Tage die Ernstchen-Karte ziehen, damit kommst du auf Dauer nicht durch.

Und je älter du wirst, umso häufiger erwischst du dich dabei, wie du versuchst, etwas festzuhalten, das dir längst entglitten ist – Menschen, Häuser und Straßen, Begegnungen bei Kaffee und Kuchen, Bolzplätze und Sonnenuntergänge. Aber je mehr du klammerst, desto größer wird die Gefahr, alles zu verlieren, auch die Freude an der Erinnerung.

Das Loslassen, wozu uns in so vielen Ratgebern, in profanen und in heiligen Schriften geraten wird, fällt jedem schwer. Je mehr dein Herz an einer Sache oder gar an einem Menschen hängt, desto mehr krampft es sich bei dem bloßen Gedanken an Trennung zusammen, obwohl dein Verstand längst erkannt hat, dass sie irgendwann unausweichlich ist. Dein zusammengekrampftes Herz – das kannst du Sorge nennen, oder Traurigkeit; oder du sagst, ich habe Riesenschiss, meinen Job, meine Gefährtin, mein Kind zu verlieren. Und damit hast du den Nagel auf den Kopf getroffen.

Hinzukommt, dass wir oft unbewusst zwei ganz verschiedene Dinge durcheinanderbringen: das Loslassen und das Fallenlassen. Wie könnte beispielsweise eine liebende Mutter jemals ihren Sohn fallenlassen? Also hält sie ihn gut fest und lässt ihn niemals los – auch wenn das Bübchen inzwischen dreißig Jahre alt und selbst Vater einer kleinen Tochter ist.

Wenn du das nächste Mal in eine ähnliche Situation gerätst, hilft dir vielleicht die folgende Geschichte, die mir vor etlichen Jahren jemand erzählt hat:

> *Ein Mann hält in seiner Faust eine Goldmünze; dabei befindet sich der Handrücken über der Münze, Finger und Daumen sind darunter. Eine alte Frau, die ihm zufällig begegnet, fragt ihn freundlich, warum er die Faust so zusammenpresse. »Um etwas festzuhalten«, entgegnet der Mann, »etwas, das ich nicht verlieren will; ich habe es von meinem Vater geerbt.«*
>
> *Die Frau fragt ihn: »Und du glaubst, es gibt keine andere Möglichkeit, den Verlust zu vermeiden, als die zusammengepresste Faust?«*
>
> *Darauf der Mann ein wenig ungehalten: »Sobald ich meine Finger spreize, fällt der Gegenstand nach unten, vielleicht in irgendeinen Spalt, und ich sehe ihn nie wieder. Es bleibt mir also keine andere Wahl.«*
>
> *»Doch, doch«, ist die Antwort, »ob du mir mal den Gegenstand zeigst?« Nach kurzem Zögern dreht der Mann seine Faust um hundertachtzig Grad und öffnet sie.*
>
> *»Siehst du«, sagt die Frau, »es geht.«*

Auch in dieser Geschichte ist Angst im Spiel, doch nicht nur das, sie wird von einem starren Besitzdenken begleitet. Man kann das verkleiden mit dem »treuem Angedenken an den geliebten Vater«, aber es geht eben nicht nur um Liebe, sondern um ein Erbe im Wert von, sagen wir, 20.000 Euro.

Wer lebensklug ist, hört irgendwann auf, wie ein Don Quijote gegen die Mühlen der Naturgesetze anzurennen. Er nimmt den ständigen Wandel mit heiterer Gelassenheit. Nicht alles, was vorbei ist, war gut; und nicht alles, was vor uns liegt, wird Unheil bringen. Altes in Frage zu stellen, Neues zu wagen, ist so natürlich wie das Abfallen der Blätter an einem Laubbaum, die Platz für die nächste Generation machen.

In seinem *Tibetischen Buch vom Leben und vom Sterben* beschreibt der buddhistische Lehrer Sogyal Lakar eine Szene aus dem Jahr 1988. Sein Meister Dilgo Khyentse hielt damals, wenige Jahre vor seinem Tod, in einem Kloster in Nepal eine seiner Belehrungen. Zum Abschluss sprach er, den Blick in die Ferne gerichtet, die folgenden Worte:

> *Ich bin nun achtundsiebzig Jahre alt und habe in meinem Leben so viel gesehen. So viele junge Menschen sind gestorben, so viele in meinem Alter und so viele, die älter waren als ich. So viele Menschen, die an der Spitze standen, sind tief gefallen. ... Es hat so viel Aufruhr und Katastrophen gegeben, so viele Kriege und Seuchen ... Wenn du tief genug schaust, erkennst du, dass nichts dauerhaft und beständig ist, nichts – nicht einmal das kleinste Härchen auf dei-*

*nem Körper. Und das ist keine bloße Theorie, sondern etwas, was du wirklich selbst erkennen und mit deinen eigenen Augen sehen kannst.*[20]

## Gib acht auf Henry und du änderst dein Leben

Ob bei Jesus von Nazareth, bei Rilke oder Sloterdijk, immer wieder stoßen wir, zumindest sinngemäß, auf die Maxime »Du musst dein Leben ändern«. Drei Dinge fallen mir dazu ein: Erstens, »Wer nicht mit der Zeit geht, der geht mit der Zeit.« Entweder du justierst kontinuierlich dein Denken und Handeln, um dem Wandel um dich herum zu begegnen, oder du wirst eines Tages gefeuert – vom Chef, von deiner Partei oder deiner Lebensgefährtin. Zweitens, man könnte die Maxime korrigieren und sagen: Du *musst nicht* unbedingt dein Leben ändern, aber wenn du es niemals tust, wirst du einen hohen Preis dafür zahlen, siehe Punkt eins. Drittens, die harten Schnitte fallen uns allen schwer. Vor allem dann, wenn man so etwas zum ersten Mal in seinem Leben macht. Für eine Achtzigjährige, die fünfzig Jahre lang im selben Haus gelebt hat, wird ein Umzug, und sei es nur ins Nachbardorf, zur revolutionären Tat. Daraus könnte man einen neuen Grundsatz ableiten: Schiebe notwendige Renovierungen – in deiner Wohnung, deinem Bildungsweg, deiner beruflichen oder familiären Situation – nicht zu lange vor dir her. Andernfalls werden deine Bequemlichkeit und deine Scheu, etwas zu verändern, unüberwindbar. Die Alternative: viele kleine Trainingseinheiten der Umgestaltung in nicht zu gro-

**Evolution statt Revolution**

ßen zeitlichen Abständen – Evolution statt Revolution. Öfter mal was Neues, auch wenn's hier und da rumpelt.

Wohlgemerkt, wir sprechen jetzt über Änderungen in *meinem* Leben, die *ich selbst* in die Wege leiten kann, nicht über die Dinge um mich herum, auf die ich keinen unmittelbaren Einfluss habe: das Wetter, das Wachstum der Erdbevölkerung, die immer größer werdende Schere zwischen Arm und Reich.

Im Zweifel hilft das Gebet von Reinhold Niebuhr, das sich der amerikanische Philosoph und Theologe sicher nicht nur für gläubige Christen ausgedacht hat:

> *Gott, gib mir die Gelassenheit, Dinge hinzunehmen, die ich nicht ändern kann, den Mut, Dinge zu ändern, die ich ändern kann, und die Weisheit, das eine vom anderen zu unterscheiden.*[21]

Mit wenigen Worten wird hier viel gesagt – über Bescheidenheit und Gleichmut, Courage und Urteilskraft; vor allem aber über das, was sich nicht ändern lässt, und dazu gehört der Tod. Gerade ihm sollten wir mit Gelassenheit begegnen. Und weil das so schwerfällt, betet in der Stunde der Not manch einer zu einem Gott, an den er nie so recht geglaubt hat.

Ob nun mit oder ohne göttlichen Beistand, jeder von uns sollte versuchen, zweierlei zu begreifen: Zum einen, dass wir den Tod nicht verhindern können, auch wenn einige wie besessen daran arbeiten, mit allen Mitteln der Gentechnik und der künstlichen Intelligenz. Bisher ohne Erfolg. Zum anderen, der Tod ist nicht irgendwer, er hat – um es in der Mediensprache zu sagen – enorme Sichtbarkeit und Reichweite. Er erscheint in jeder Nachrichtensendung und in jedem Tatort-Krimi, in Todesanzeigen, Statistiken und Jahresrückblicken. Er funkt auf allen Kanälen. Ein wenig Respekt ist also angebracht.

Die universale Schildkröte Henry spielt in einer eigenen Liga, man kriegt sie in keine Schublade. Sie hingegen kriegt jeden – den Soziopathen und die Sadistin, die boshafte Nachbarin und den fiesen Chef. Ja, richtig, auch den stets schlecht gelaunten Mathelehrer. Seit vierzehn Milliarden Jahren steht sie für Vergänglichkeit und Gerechtigkeit – ein Trost und fester Anker für alle Erniedrigten und Misshandelten.

Unser Freund Henry ist singulär. So wenig man die Zeit dem dreidimensionalen Raum unterordnen kann, so vergebens ist der Versuch, den Tod in unser alltägliches Denken einzugliedern. Er agiert in keiner der uns vertrauten Dimensionen, er *ist* eine Dimension. Wir sollten also nicht versuchen, Henry komplett zu verstehen. Es reicht, ihn zu achten – statt ihn zu belächeln, zu ignorieren oder gar auszugrenzen. Er ist nicht nachtragend, das wäre nicht sein Niveau, aber er hat ein erstaunlich gutes Gedächtnis.

Der Tod ist weder gut noch böse. Er ist, auch wenn er oft mit dem Teufel in einem Atemzug genannt wird, kein Verführer, Zerstörer, Lügner oder Betrüger. Freund Henry ist ehrlich, wenn auch nicht berechenbar aus Sicht von uns Menschen. Er spielt nicht mit gezinkten Karten. Er hält sich im Hintergrund, aber er versteckt sich nicht. Sehen wir ihn als einen entfernten Verwandten, der vielleicht nicht allzu attraktiv ausschaut, der aber aufrichtig und zuverlässig ist. Mit einem Sinn für schwarzen Humor, für Pointen und Überraschungen. Dabei kann er stets locker bleiben, denn er ist völlig angstfrei. Das hat wohl etwas damit zu tun, dass er nicht vor dem Tod wegrennen muss, er *ist* der Tod. Er ist nicht Achilles, er ist die Schildkröte.

Vielleicht kann die Kunstfigur des kleinen Henry im einen oder anderen Fall helfen, etwas entspannter mit dem Thema Tod umzugehen. Dafür habe ich sie erfunden.

## Tod – Erlösung – Freiheit

Auch wenn es schwerfällt, jeder kann lernen, sich mit dem Sterben vertraut zu machen. Zum Beispiel, indem er versucht, sich gegenüber einer todgeweihten Freundin unbefangen zu verhalten. Der Tod ist nicht unser Feind, er ist kein Widersacher, der uns nach dem Leben trachtet. Freund Henry begleitet uns seit unserer Geburt. Er nimmt uns geliebte Menschen weg, unsere treue Hündin, unseren Kater, ja, das stimmt. Aber er ist kein Mörder, nur ein Spielleiter mit einer Stoppuhr in der Hand.

Er hat es nicht speziell auf dich oder mich abgesehen, er steht über uns Menschen, über unseren Ambitionen und Sorgen. Das heißt jedoch nicht, dass er über allem steht; Henry ist ein Vollstrecker, ein Vollender, aber er ist kein Gott, und ich vermute, er weiß das auch. Er hat – das ist meine feste Überzeugung – keine Macht über das Böse in der Welt, erst recht nicht über die Liebe oder die Wahrheit.

Immer wieder wird in Filmen, Romanen und in der bildenden Kunst der Tod in Verbindung gebracht mit Freund-

**Wir sterben einen kleinen Tod.**

schaft, Liebe und sexueller Vereinigung. Zu Recht. Denn genau dann, wenn eine langjährige Freundschaft, eine große Liebe, eine berauschende Liebesnacht endet, wird uns schmerzlich bewusst, dass nichts für die Ewigkeit gemacht ist; wir sterben einen kleinen Tod.

Und schon vorher, vor dem Höhepunkt im Liebesspiel, spüren wir bisweilen das quälend Zwiespältige, die enge Nachbarschaft von Lust und Schmerz, wir sehnen uns das Ende herbei und fürchten es zugleich. Jetzt, wo ich diese Zeilen schreibe, gehöre ich zu den noch Lebenden, also zu denen, die – ich habe es vorhin angesprochen – im Grunde keine Ahnung vom Sterben haben. Ich weiß es so wenig wie jeder andere, aber ich vermute, solange jemand in den letzten Stunden seines Lebens noch bei Bewusstsein ist, wird dieses Quälende und Ambivalente gegenwärtig sein, neben körperlichen Schmerzen, Atemnot oder purer Todesangst. Denn in diesem Niemandsland zwischen Leben und Tod liegt, so denke ich, der Selbsterhaltungstrieb im Widerstreit mit der Sehnsucht nach Erlösung – nach der Befreiung von allem Leid, allen Sorgen, Begierden und Ängsten.

Damit sind wir erneut bei Michel de Montaigne. Am Ende seiner von mir zitierten Worte über das Sterben weist er auf einen philosophischen Begriff hin, den er aufs Engste mit dem Tod verknüpft sieht: die *Freiheit.* Hier noch einmal die beiden letzten Sätze des Texts:

*Sinnen auf den Tod ist Sinnen auf Freiheit.*
*Wer sterben gelernt hat, versteht das Dienen nicht mehr.*

Diese siebzehn Wörter – allein das »sterben lernen« – lösen bei vielen Menschen sicher eher Verwirrung als Zustimmung aus. Manche wollen sich gar nicht damit beschäftigen, andere werden sie missverstehen als Verherrlichung des Freitods. Für mich sind sie einzigartig.

## Die Freude zu leben

Vor ein paar Jahren bekam ich die Diagnose Krebs. Es war an einem Tag im April, er begann wie viele andere, aber er wurde zu einer Zäsur in meinem Leben. Plötzlich war der Tod nicht mehr irgendwo draußen, in sicherer Entfernung, er stand neben mir im Raum; nicht mehr abstrakter Gegenstand des Philosophierens mit meinen Schülerinnen und Schülern, sondern sehr konkret.

Um es vorwegzunehmen, ich hatte Glück, sogar mehrfaches Glück. Zum einen war das Prostatakarzinom früh festgestellt worden, sodass die Chance einer Heilung nicht schlecht war. Zum anderen kam es nach einem ersten Gespräch mit dem Facharzt in meinem Heimatort kurz danach in Heidelberg zur wichtigsten und angenehmsten Aussprache, die ich je mit einer Ärztin oder einem Arzt hatte, nämlich mit dem Chef der dortigen Uniklinik. Markus Hohenfellner hat mich wenige Wochen danach selbst operiert.

Einige Zeit nach dem Eingriff folgte die Nachuntersuchung. Mit meiner Frau wartete ich anschließend auf einem Korridor der Klinik auf das Ergebnis. Dann kam die Nachricht: keine Tumorreste, keine Metastasen. Wir beide umarmten uns wortlos, es war einer der glücklichsten Momente in meinem Leben. Jedem, der mich heute auf diese Ereignisse anspricht, sage ich, dass ich zutiefst dankbar bin – meinem Herrgott und meinen Ärzten mit ihrem gesamten Team.

Im Frühherbst nach meiner Operation, es war während einer Reha-Maßnahme in einer Klinik in Nordhessen, schlenderte ich abends durch den Park der Einrichtung. Nach einer kurzen Gehmeditation auf dem Rasen, im Schatten dreier freistehender Eichen, machte ich eine Art Vertrag mit mir selbst: Das, was jetzt noch kommt, ist der Bonus auf meiner Lebens-DVD; ihn will ich ganz bewusst genießen. Ab sofort werde ich mir gut überlegen, für was und mit wem ich meine Zeit verbringe. Ich will versuchen, achtsamer zu sein, nicht tausend Dinge am Tag zu tun, ohne mir Gedanken über ihren Sinn und Zweck zu machen.

Jetzt, ein paar Jahre später, stelle ich fest, meine Sinne und mein Bewusstsein sind mehr geschärft seit dem Abend bei den drei Eichen, aber das tägliche Umsetzen der guten Vorsätze bleibt schwierig. Dabei machen wir es uns selbst unnötig schwer – so jedenfalls sah es der Philosoph Seneca –, weil wir zu wenig wagen.

Seien wir wagemutiger und ändern wir unser Leben, hin zum Besseren. Bleiben wir aufmerksam, offen für die Schönheit der Natur, der Sprache, der Musik, der Geometrie. Wer könnte uns dabei helfen? Natürlich Henry, ganz einfach. Indem wir uns die Vergänglichkeit des Universums klarmachen, begreifen wir die Kostbarkeit des Augenblicks.

Du schaltest dein Smartphone aus, dieses Kasperltheater in deiner Hand, das dir pausenlos neue Texte, Töne und Bildchen aufschwatzen will, und schaust deinem Gegenüber in die Augen. Du machst keinen Buckel mehr, du richtest dich auf, dein Atem wird ruhiger und dein Blick geht nach oben zur Krone einer Rotbuche, zu den Wolken und den Vögeln am Himmel.

Indem du jeden Tag ein wenig auf Freund Henry achtgibst, bist du nicht länger ein Hamster im Rad. Du fühlst dich freier und selbstbewusster und fängst an, das Leben tatsächlich wertzuschätzen.

# Optimisten leben nicht länger, aber sie sterben furchtloser

Jeder kennt das Bild von der Pessimistin, die ein halbleeres Glas auf dem Tisch sieht, während für die Optimistin – ihre Freundin, die neben ihr steht – dasselbe Glas halbvoll ist. Nun wird optimistischen Menschen oft nachgesagt, sie würden die leeren und die zerbrochenen Gläser geflissentlich übersehen. Die, die so hart urteilen, nehmen für sich in Anspruch, die Welt realistisch zu betrachten. Aber vielleicht sind sie nur ein bisschen neidisch auf die Frohnaturen, denen sie ihre gute Laune nicht gönnen.

Nach meiner Erfahrung sind fröhliche, dem Leben zugewandte Menschen der Wirklichkeit oft näher, als es manche Bedenkenträgerinnen und Schlechte-Nachrichten-Sammler wahrhaben wollen. Wer den Optimisten dieser Welt vorwirft, sie seien allzu naiv und würden das Böse und das Leid um sie herum stets ausblenden, der ist selbst – auch wenn er es nie zugeben würde – ein wenig bieder in seinem Denken.

Er meint, jedes sonnige Gemüt sei auch ein schlichtes; und zeigt damit, er ist kein Realist, er ist einfach borniert.

Mit dem Optimismus ist es nicht anders als mit dem Reichtum und der Schönheit, alles ist eine Frage des Ins-Verhältnis-Setzens und des subjektiven Empfindens. Wer zum Lachen in den Keller geht, dem sind lebenslustige Menschen bisweilen unheimlich. Es geht dabei nicht um den Gegensatz introvertiert-extrovertiert. Oft begegnen wir Menschen, die sehr zurückhaltend sind und uns, wenn wir sie besser kennenlernen, ihren Humor und ihre Herzlichkeit zeigen. Es ist nicht so sehr das Auftreten eines solchen Menschen, das uns seinem Wesen näherbringt, eher seine innere Einstellung, die Art und Weise, wie er mit den Widrigkeiten des Lebens umgeht. Peter Ustinov hat es wunderbar zusammengefasst: »Ein Optimist ist jemand, der genau weiß, wie traurig die Welt sein kann, während ein Pessimist jemand ist, der täglich neu zu dieser Erkenntnis gelangt.«

## Der fröhliche Rheinländer …

Christoph Kuckelkorn wurde in Köln am Rhein geboren und lebt dort seit seiner Geburt. Er leitet in fünfter Generation einen mittelständischen Familienbetrieb. In seinen Lebenserinnerungen erzählt er einen seiner Lieblingswitze:

> *Der Opa liegt im Sterben. All seine Enkel stehen um sein Bett herum. Aus der Küche duftet es nach Kuchen. Der Großvater sagt: »Ich möchte so gern noch ein Stück Kuchen, bevor ich sterbe!« Einer der Enkel*

*geht in die Küche und kommt gleich darauf zurück. »Mama hat gesagt, der ist für nach der Beerdigung.«*[22]

Kuckelkorn war jahrelang Leiter des Rosenmontagszugs und wurde anschließend Chef des Festkomitees Kölner Karneval. Er ist ungefähr das, was sich ein Westfale oder eine Hanseatin unter einem fröhlichen Rheinländer vorstellt. Und nun kommt die Pointe: Dieser Mann ist im Hauptberuf Bestatter. Somit wird er fast täglich, oft am Wochenende oder in der Nacht, mit Sterbefällen konfrontiert. Und wie schafft er den täglichen Spagat zwischen seinen beiden Aufgabenbereichen? Für Christoph Kuckelkorn ist es kein Spagat, erklärt er in einem Interview mit der ZEIT. Die Planung einer Bestattung und die des Rosenmontagszugs sind aus seiner Sicht das Gleiche; beide Ereignisse erfordern höchste Präzision.[23]

Das mag auf den ersten Blick befremdlich erscheinen, doch genau um diese Verknüpfung von pragmatischem und einfühlendem Umgang mit dem Tod geht es. Ein Bestattungsunternehmen zu führen ist mehr als reines Management. Bei den Gesprächen mit Trauernden oder auch mit Menschen, die Vorbereitungen für den Fall ihres Todes treffen wollen, geht es zuallererst um Menschlichkeit und Mitgefühl.

Dem Kölner Karnevalisten und Bestatter hat der christliche Glaube immer wieder Halt gegeben in seinem Leben. Zum Beispiel dann, wenn er selbst von einem geliebten Menschen für immer Abschied nehmen musste. Von Christoph Kuckelkorn können wir lernen, dass es eine starke Wechselwirkung zwischen Gottvertrauen und optimistischer Lebenseinstellung gibt. Damit meine ich nicht, dass ein Mensch dann und nur dann Optimist sein kann, wenn er ein gläubiger Christ, Muslim oder Anhänger irgendeiner Religionsgemeinschaft ist. Aber wenn du die Welt optimistisch betrachtest, entwickelst du Urvertrauen – du vertraust dir selbst, du vertraust deinen Freunden, und schlussendlich hast du Vertrauen in das Ganze, in die Welt. Damit bist du im Grunde ein gläubiger Mensch. Du glaubst vielleicht nicht an Jehova, an Allah oder die Heilige Dreifaltigkeit, aber du glaubst an das Gute im Menschen und daran, dass es sich lohnt zu leben.[24]

**Vertrauen in das Ganze, in die Welt**

## … und die weise Schweizerin

Optimismus findet man nicht nur häufig bei Menschen mit Gottvertrauen, er ist bisweilen auch verbunden mit dem Drang sich zu bewegen, vorzugsweise an der frischen Luft. Vom österreichischen Sportler und Hochschullehrer Ludwig Prokop stammt die Bemerkung: »Der Sport ist dazu da, dass man gesünder stirbt, und nicht dazu, dass man länger lebt.«[25] Prokop, der vor allem als Doping-Jäger bekannt wurde, war bis ins hohe Alter sportlich und geistig aktiv. Den letzten seiner vier Doktorgrade erwarb er mit einundachtzig Jahren. Er ist fünfundneunzig Jahre alt geworden.

Und damit kommen wir zu der Bäuerin Sofie Pfister-Odermatt, die in den Schweizer Bergen lebt. Sie ist eine von sechzehn hochbetagten Frauen und Männern, die in dem Buch *Ausleben* von Mena Kost porträtiert werden.[26] Sie alle lebten, als das Buch erschien, in der Schweiz und hatten ein Alter zwischen dreiundachtzig und hundertelf Jahren; eine Richterin ist darunter, eine Hebamme, ein Kapuzinermönch und ein Nobelpreisträger. Die Autorin lässt diese Menschen von ihrem Leben und von ihren Gedanken über den eigenen Tod erzählen. Ergänzt wird der Text durch eindrucksvolle Bilder der Fotografin Annette Boutellier.

Die neunzigjährige Sofie Pfister-Odermatt redet, wenn es ums Sterben geht, nicht lange um den heißen Brei herum:

> *Früher habe ich gedacht: Jetzt habe ich noch fünfzig Jahre zu leben, dann noch zwanzig Jahre. Aber jetzt ist nichts mehr da – ich bin neunzig ... Der Tod ist kein Wolf, der am Waldrand steht und vor dem man Angst hat. Nein, der Tod ist etwas Unverdautes.*

Bemerkenswerte Worte, doch die alte Dame setzt noch einen drauf. Nachdem sie erklärt hat, wie wichtig für sie die Gespräche mit ihrer Freundin über das Sterben sind, sagt sie: »Wenn es Köpfe zu kaufen gäbe, würde ich mir einen frischen kaufen. Ewig leben wollte ich trotzdem nicht, nein. Aber ein Weilchen lebe ich gerne noch.«

Mag sein, dass du jetzt denkst: Naja, diese Bäuerin hat neunzig Jahre auf dem Buckel; ich bin nicht mal halb so alt, da muss ich mir nicht schon heute Gedanken übers Sterben machen. Die Sache hat, du weißt es selbst, einen Haken: Wer garantiert dir, dass du neunzig Jahre alt wirst und dann obendrein fit genug bist, entspannt über den Tod zu philosophieren? Und es ist kaum anzunehmen, dass jemand, der sich achtzig Jahre lang so gut wie nie mit seiner eigenen Sterblichkeit beschäftigt hat, mit neunzig plötzlich damit anfängt. Naja, es ist nie zu spät, aber auch selten zu früh, zu philosophieren – ein Gedanke, den wir bereits bei Epikur finden.

Die Schweizerin Sofie Pfister-Odermatt hat mit dem Wiener Ludwig Prokop jedenfalls einiges gemeinsam: das Erreichen eines hohen Alters nach einem erfüllten Leben, bei jeder Menge frischer Bergluft. Die Parallelen zu Christoph Kuckelkorn liegen ebenfalls auf der Hand: Humor, Sinn fürs Praktische und nicht zuletzt ein fester Glaube. Wie der Kölner, der schon in jungen Jahren seine damalige Ehefrau durch einen Motorradunfall verloren hat, ist auch die Schweizerin davon überzeugt, dass sie nach ihrem Tod wieder mit den Menschen zusammen sein wird, die sie geliebt hat und die ihr in den Tod vorausgegangen sind.

## Lebensgier, die Schwester der Todesangst

In einem BILD-Interview mit Peter Sloterdijk wurde kürzlich die Frage aufgeworfen, ob die Menschen angesichts der immer höheren Lebenserwartung verlernt hätten, den Tod zu akzeptieren. Die Antwort des Philosophen war: »Vermutlich haben sie ihn nie wirklich akzeptiert.«[27] Am Ende seiner Stellungnahme sagte Sloterdijk einen kategorischen Satz, der eine Art Leitmotiv für den gegenwärtigen Kampf gegen Pandemien, Umwelt- und Klimaschäden darstellt:

*Alle Probleme, die wir heute haben, gehen von entfesselter Lebensgier aus.*

Zu einem Laboratorium für Lebensgier-Experimente wurde das Berlin der Zwanzigerjahre des vorigen Jahrhunderts. Wer sich ein wenig mit dieser Epoche beschäftigt – indem er sich beispielsweise die Fernsehserie »Babylon Berlin«[28] anschaut –, stellt fest, dass es viele Parallelen zwischen damals und heute gibt, in den Bereichen Technik, Kultur und Gesellschaft, vor allem aber bei den Vorstellungen von Anstand und Moral.

Was die damaligen von den jetzigen Zwanzigerjahren stark unterscheidet, ist die Tatsache, dass vor hundert Jahren das Ende eines großen Kriegs nur kurze Zeit zurücklag und die meisten Menschen unter seinen Folgen noch sehr zu leiden hatten. Das ist heute völlig anders, denn der Zweite Weltkrieg liegt fast achtzig Jahre zurück. Aber die Erfahrung einer Pandemie verbindet uns mit jenen Jahren. So wie in unseren Tagen durch das Corona-Virus Angst und Schrecken verbreitet wurden, war es im vorigen Jahrhundert mit der Spanischen Grippe. Was heute jedoch kaum jemandem geläufig ist: Vor hundert Jahren gab es weitaus triftigere Gründe, sich zu fürchten; das damals aktive Influenza-Virus kostete mehr Menschen das Leben als der gesamte Erste Weltkrieg: schätzungsweise fünfzig Millionen.

Wenn man dies mit den Covid-19-Daten vergleicht, die bis Ende 2021 vorlagen, und das Wachstum der Erdbevölkerung mit in Betracht zieht, hätte es – bei gleichem Gefährdungsgrad der beiden Virenarten und gleichem Stand der medizinischen Versorgung – weltweit mehr als hundert Millionen Corona-Tote in den ersten zwei Pandemiejahren gegeben. Tatsächlich waren es aber weniger als sechs Millionen. Die Spanische Grippe war also – was die Anzahl der Sterbefälle betrifft – um ein Vielfaches verheerender als die Corona-Pandemie in den Jahren 2019 bis 2021.

Wenn nun die Jahre ab 1920 speziell in Deutschland so hart waren, wie kann es dann sein, dass man heute diesen

Zeitabschnitt als die »Goldenen Zwanziger« bezeichnet? Allerdings, das Etikett »golden« bezieht sich eben nur auf die Jahre 1924 bis 1929. Die Jahre davor waren noch stark durch Armut, Hunger und Arbeitslosigkeit geprägt. Dann aber zeigten die Pfeile immer mehr nach oben, und viele verloren dabei den Halt. Vor allem in Berlin – jetzt eine der führenden Metropolen der Welt – war die Entwicklung beängstigend. Aus neu geschöpftem Mut und Lebensfreude wurde Lebensgier. Der keineswegs schon gefestigte Optimismus verkümmerte, er schlug um in Zügellosigkeit und ein Spiel mit dem Feuer.

Es kam zu Exzessen in den Clubs und Etablissements, man suchte das Verruchte, Perverse, Morbide. Der Hauptgrund war vermutlich: Angst vor dem Tod, Angst vor der Katastrophe. Die Menschen spürten, es braute sich etwas zusammen – auf den Straßen, wo es immer häufiger zu blutigen Auseinandersetzungen zwischen Links- und Rechtsextremisten kam, und hinter verschlossenen Türen, wo man längst Pläne für die Beseitigung der noch jungen Demokratie schmiedete. 1929 kam es zum Börsenkrach in New York und infolgedessen zu einer Weltwirtschaftskrise mit Firmenpleiten und Massenarbeitslosigkeit. All das führte in Deutschland schließlich zur Nazi-Diktatur, zum Holocaust und einem Weltkrieg, der noch grauenvoller war als der vorherige.

**Angst vor dem Tod, Angst vor der Katastrophe**

## Das Moped-LKW-Syndrom

Und heute? Man sollte meinen, dass die Zuversicht und das Gefühl von Sicherheit in der Bevölkerung Deutschlands und anderer westlicher Länder sehr viel größer sind als im vorigen Jahrhundert mit zwei Weltkriegen, mit Hunger und Armut. Aber das scheint nicht der Fall zu sein. Zwar wurden in den letzten hundert Jahren bedeutende Fortschritte im Gesundheitswesen erzielt – so gelang beispielsweise in erstaunlich kurzer Zeit die Entwicklung von Impfstoffen zur Bekämpfung der Covid-19-Krankheit – dennoch kam es auch im zweiten Jahr der Pandemie nicht zu einer echten Beruhigung der Gemüter. Denn die Ansprüche der Bürgerinnen und Bürger an den Staat in puncto medizinischer Versorgung sind ähnlich rasant gestiegen wie deren Fortschritte.

Vor allem in Deutschland forderten immer mehr Menschen immer härtere Maßnahmen seitens Regierung und Behörden zur Eindämmung der Pandemie. Aber je mehr die Maßnahmen verschärft und die Grundrechte – vor allem die Bewegungs- und die Versammlungsfreiheit – eingeschränkt wurden, desto mehr wuchs die öffentliche Erregung und die Furcht bis hin zur Panik.

2021 wurde vor neuen, besonders gefährlichen Varianten des Corona-Virus gewarnt. Aber in den ersten anderthalb Jahren nach Beginn des Infektionsgeschehens kam es in Deutschland weder zu einem nennenswerten Anstieg der Übersterblichkeit noch brach das gesamte Gesundheitssystem zusammen. Dann passierte Folgendes: Nachdem die Menschen immer hektischer versucht hatten, den todbringenden »Mopeds« namens Alpha, Beta, Delta oder Omikron auf der Straße des Lebens auszuweichen, rannten sie ungeschützt einem Hochgeschwindigkeits-Lastzug vor den Bug.

Dieser Truck war keine neue Corona-Variante, aber Omega – Sinnbild des Todes – wäre ein passender Name für ihn gewesen. Vor der Unwetter- und Flutkatastrophe im Juli des besagten Jahres, von der mehrere deutsche Regionen heimgesucht wurden, hat uns niemand gewarnt. Allein im Landkreis Ahrweiler in Rheinland-Pfalz wurden in einer Nacht zigmal so viele Menschen getötet wie vorher in fünfhundert Tagen Corona-Pandemie.

**Die Flutkatastrophe im Landkreis Ahrweiler**

Ich habe das Desaster hautnah miterlebt, ich war mittendrin in dieser Wasser- und Schlammschlacht, deren Auswirkungen auf Menschen, Häuser und die komplette Infrastruktur großenteils zu verhindern gewesen wären. Fünfhundert Tage lang hatten rund um die Uhr die Corona-Fanfaren geschmettert, in jeder Nachrichtensendung, in jeder Zeitung, auf allen Internetplattformen. Aber in dieser einen Nacht schwiegen die Sirenen an der mittleren und unteren Ahr, als wenige Kilometer flussaufwärts schon ganze Dörfer vernichtet wurden. Kurz, du bist nie in größerer Gefahr, von einem LKW überfahren zu werden, als dann, wenn du einem Moped ausweichen willst.

Wie aber reagieren die Menschen, die Betroffene oder Beobachter einer solchen Katastrophe sind? Auch hier gibt es mehrere Varianten:

- Da sind zunächst diejenigen, die zwar ihr Leben gerettet, aber ansonsten alles verloren haben – ihr Hab und Gut, ihre berufliche Existenz, möglicherweise auch Angehörige oder Freunde; einige wollen nach dem Schock einfach nicht mehr weiterleben, andere wollen so schnell wie möglich wegziehen in eine andere Umgebung; und schließlich gibt es die »Heldinnen und Helden«, die zügig mit dem Wiederaufbau beginnen.

- Dann gibt es die Verantwortlichen in Politik und Verwaltung. Die einen waschen ihre Hände in Unschuld und geloben in einem Atemzug Besserung, was irgendwie nicht zueinander passt; andere zeigen echte Trauer, geben Versäumnisse zu und leiten konkrete Schritte zur Unterstützung und zum künftigen Schutz der betroffenen Menschen ein.
- Schließlich der weitaus größere Bevölkerungsteil, der die Fotos und Videos von den deutschlandweiten Überschwemmungen gesehen hat, aber nicht zu den Leidtragenden gehört; die einen spenden, andere reisen in die Katastrophengebiete, um tatkräftig zu helfen.
- Viele haben nun begriffen, dass es angesichts der sich häufenden Überflutungen, Hitzewellen und Waldbrände auf sämtlichen Kontinenten der Erde nur *ein* Thema gibt, das auf Platz eins der To-do-Liste der Menschheit gehört: der unverzügliche, kompromisslose Kampf gegen die Klimakatastrophe.

Wir schauen noch einmal zurück zu den Zwanzigerjahren des vorigen Jahrhunderts und stellen fest: Damals ging es schon nicht nur um Deutschland, sondern um ganz Europa. Heute geht es um den Planeten Erde. Und heute wie damals überspielen viele Menschen ihre Todesangst mit zunehmender Lebensgier. Sie finden keine innere Balance mehr, nicht durch Sport oder Wandern und nicht durch Musik, Meditieren oder Beten.

## Gott ist tot. Aber wer macht jetzt den Job?

Den Satz »Gott ist tot« verbindet fast jeder mit Friedrich Nietzsche. Aber Nietzsche selbst hat diesen Satz so nie gesagt.[29] In seinem Werk *Die fröhliche Wissenschaft* findet man vielmehr eine Parabel, in welcher der sogenannte »tolle Mensch« ruft: »Wohin ist Gott?« Und dann: »Ich will es euch sagen! Wir haben ihn getötet – ihr und ich! Wir alle sind seine Mörder!«

Nietzsche war ein äußerst intelligenter und sensibler Mensch. Er hat die Indizien in dem Mordfall, den er da auf seine Bühne gebracht hat, gnadenlos analysiert: Verfall der christlichen Werte, innere Leere, Materialismus und Hedonismus. Gott ist überflüssig, um nicht zu sagen lästig geworden.

Der deutsche Philosoph, der – wie nach ihm Karl Marx – die Religion bis aufs Messer bekämpft hat, war jedoch offensichtlich kein Atheist. Tot kann nur jemand sein, der vorher lebendig war. Was im Übrigen immer wieder übersehen wird: Das Wort *Atheismus* besteht aus neun Buchstaben, und nur der erste hat nichts mit Gott zu tun. Eine Atheistin definiert ihren eigenen Standpunkt letztlich über das, was sie für ein gefährliches Hirngespinst hält. Sie hat sich also viel intensiver mit dem Thema beschäftigt als die durchschnittliche Jüdin, Christin oder Muslima. Das alles erinnert an das lustige Spiel: Stellt euch jetzt bitte einmal *keinen* großen weißen Elefanten vor. Und schon steht der Kamerad mitten im Raum.

Der Atheismus ist – anders als der Agnostizismus – ganz bestimmt nichts für Feiglinge, Sartre hat ihn als »grausames und langwieriges Unterfangen« bezeichnet. Man stelle sich vor, ein streng atheistischer Mensch verliert plötzlich durch ein Unglück sein geliebtes Kind; in diesem Moment äußerster Verzweiflung fehlt ihm ja nicht nur der Trost durch eine Religion, sondern die bloße Vorstellung von einem Gott, gegen den er aufbegehren kann, den er anklagen kann. Er muss alles mit sich allein ausmachen. Es ist wie bei Menschen, die ganz bewusst als Singles leben; du hast keinen an deiner Seite, der dir in der Not helfen kann; und keinen, dem du die Schuld in die Schuhe schieben kannst, wenn etwas schiefgelaufen ist.

Und wenn es um den eigenen letzten Gang geht? Ich denke, dies ist ohnehin die größte Herausforderung des Lebens für jeden von uns. Umso mehr für alle, die an absolut *nichts* glauben; an keine Gottheit irgendwelcher Art, an kein Weiterleben nach dem Tod in irgendeiner Form, an keine Hölle, keinen Himmel, nicht einmal an das Gute im Menschen.

Eins steht fest, diesen letzten Gang muss jeder von uns allein gehen. Ob es einen Gott gibt – das wissen wir nicht, aber dass das letzte Hemd keine Taschen hat – das schon. Nichts von deinem materiellen Besitz kannst du »hinüberretten«, nicht dein Häuschen mit Garten, keine Stradivari, nichts. Und keiner kann dich nach »drüben« begleiten, auch Freund Henry nicht. Der verabschiedet sich von dir an der Tür mit der Aufschrift »Exit«, denn er muss sich noch ein paar Milliarden Jahre um die anderen Sterblichen kümmern.

Nur, wenn das so ist und wenn jeder, der nicht geistig umnachtet ist, das auch weiß, warum zum Kuckuck bereiten sich dann so viele Leute nicht vor auf ihre letzte Reise? Wie Dreijährige halten sie sich die Hände vor die Augen und denken, der Tod kann sie nicht sehen. Nur ab und zu geht der neugierig bange Blick durch die Lücken zwischen den Fingern.

## Je länger, je lieber. Oder lieber nicht?

Immer noch verdrängen viele Ärzte und Ärztinnen den Gedanken, dass es oft zu unnötigem Leid führt, wenn das Leben eines alten, schwerkranken Menschen auf Teufel komm raus verlängert wird; Leid für diesen Menschen und ebenso für seine Angehörigen.

**Bemisst sich der Wert eines Menschenlebens nach seiner Länge?**

Natürlich studierst du Human- oder Tiermedizin nicht nur, um Menschen das Sterben zu erleichtern oder um Tiere einzuschläfern. Du willst Krankheit und Schmerz bekämpfen und Leben retten. Dennoch ist die Frage erlaubt: Bemisst sich der Wert eines Menschenlebens nach seiner Länge? Oder geht es nicht eher um Tiefe und Erfüllung?

Wolfgang Amadeus Mozart ist keine sechsunddreißig Jahre alt geworden, und kein vernünftiger Mensch käme auf die Idee, zu sagen: Der arme Mann, er hätte noch so viele Requiems schreiben können. Allein mit dem einen Requiem, das er geschrieben hat, und seiner »Kleinen Nachtmusik« hätte er sich unsterblich gemacht. Insgesamt hat er in seinem kurzen Leben einundzwanzig Opern, sechzig Sinfonien und dreißig Klavierkonzerte komponiert. Er hat geschuftet und gelitten, geliebt und gelacht. Er hat den Menschen Freude gemacht, und er tut es immer noch.

Ein weiteres Beispiel: Etwa vierzig Jahre nach Mozarts Tod kommt der Mathematiker Évariste Galois bei einem Duell im Morgengrauen ums Leben. Er ist, als der Tod eintritt, zwanzig Jahre alt. In der Nacht vor seinem Tod hat er zum Glück seine völlig neuen Ideen zur Lösung algebraischer Gleichungen schriftlich festgehalten und wird so zum Begründer der nach ihm benannten Galoistheorie. Ein blutjunger, genialer Mensch, der in den wenigen Jahren seines Erwachsenenlebens Geschichte geschrieben hat und für eine Frau in den Tod gegangen ist, in die er unsterblich verliebt war – wer könnte so töricht sein, hier von einem misslungenen Leben zu sprechen?

Was soll man nun von einem Menschen halten, der viermal so alt ist wie Évariste Galois es an seinem Todestag war, und trotz vieler Krankheiten und Beschwerden die fünf- oder sechsfache Galois-Lebensspanne schaffen will, koste es, was es wolle. Wäre es nicht sinnvoller, mit achtzig Jahren endlich aus dem Hamsterrad des Wettbewerbsdenkens auszusteigen und jeden Tag – wie viele auch noch kommen mögen – so sorgen- und schmerzfrei wie möglich zu genießen?

Ich weiß, das alles sagt sich leicht, solange es einem selbst nicht an den Kragen geht. Niemand von uns kann zwanzig Jahre im Voraus mit Sicherheit sagen, wie er mit achtzig Jahren über die restliche Zeit seines Lebens entscheiden wird. Aber es ist schon viel gewonnen, wenn wir uns frühzeitig Gedanken über unser Altwerden, über Verschleiß, Demenz und chronische Schmerzen machen. Nehmen wir den folgenden

Fall; er ist nicht erfunden, nur der Name der Protagonistin ist geändert:

*Ruth Möller ist Ende sechzig, als man bei ihr eine schwere Herzkrankheit feststellt. Sie unterzieht sich einer OP, bei der eine biologische Herzklappe implantiert wird. Nach fünfzehn Jahren hat sie erneut starke Beschwerden. Ihr Arzt rät dringend zu einer weiteren Operation, da das Implantat nun verschlissen und durch ein neues zu ersetzen sei.*

*Ruth hat große Bedenken, denn sie ist inzwischen verwitwet und mehr als achtzig Jahre alt. Als Hanseatin zeigt sie zwar stets Haltung, aber sie weiß, sie hat niemals Sport getrieben und ist nicht der robuste Typ. »Aber, liebe Frau Möller«, wendet der Doktor ein, »Sie sind doch noch sehr vital; nach der OP haben Sie noch viele gute Jahre vor sich.«*

*Leider kommt es anders. Nach einem erneuten Herzklappeneingriff fühlt Ruth sich zunächst besser, aber wenige Jahre später geht es bergab. Nach Rollator und Treppenlift folgt der Umzug in ein Pflegeheim. Ruths Herz arbeitet derweil unbeirrt weiter, auch noch an ihrem achtundneunzigsten Geburtstag. Sie hat die Corona-Epidemie überlebt, ebenso etliche Infekte und Krankenhausaufenthalte, doch seit mehr als sechs Jahren sitzt die zierliche alte Dame tagsüber kraftlos in ihrem Rollstuhl, sie ist dement und kann kaum noch hören und sehen. Die Pflegekräfte geben ihr Bestes, aber wenn man Ruth fragt, wie es ihr gehe, sagt sie nur: »Schlecht.«*

Keine Ärztin, Philosophin oder Pfarrerin wird sich anmaßen, das Schicksal von Ruth Möller zu kommentieren mit Ratschlägen wie: Tu dieses, unterlasse jenes. Aber dieser Fall ist Anlass genug zu der Bitte, dir beizeiten und bei noch klarem Kopf zu überlegen, wie du selbst entscheiden wirst, wenn es um die Frage geht: Will ich so lange wie möglich leben oder will ich in Würde alt werden und sterben?

Es ist durchaus menschlich, wenn jemand beispielsweise eine Firma, die er selbst gegründet hat, unbedingt weiterführen will, obwohl sie längst pleite ist. Was du in einer solchen Lage brauchst, ist der Rat von Fachleuten, die keine Aktien in dieser Sache haben. Genauso ist es, wenn ich als alter Mensch vor der Frage stehe: OP – ja oder nein? Ein Mediziner, der selbst den betreffenden Eingriff durchführen würde, ist in diesem Fall höchst befangen. Er wird weniger auf die Risiken als auf die Vorzüge seiner Operationsmethode hinweisen. Aber wenn ich siebzig, achtzig oder mehr Jahre alt bin, warum sollte ich mir dann nicht den Rat einer Geriatrie-Expertin einholen? Interessant ist in diesem Zusammenhang, dass wir täglich von den Fortschritten in der Medizin-Technologie erfahren, wie etwa vom Kampf gegen Viren und Karzinome, selten jedoch von der enormen Weiterentwicklung der Palliativmedizin.

In ihrem Buch *Wollen wir ewig leben?* beschäftigt sich Barbara Ehrenreich, eine amerikanische Biologin und Kolumnistin, mit der ebenso schrulligen wie weit verbreiteten Weigerung, die eigene Sterblichkeit zu akzeptieren. Der Untertitel des Buchs liest sich wie die Überschrift zu einer Kampfschrift: *Die Wellness-Epidemie, die Gewissheit des Todes und unsere Illusion von Kontrolle.*[30] Wer nach haarsträubenden Beispielen für Würdelosigkeit im Alter sucht, aber ebenso nach Ideen, wie man es besser machen kann, der findet das alles bei Barbara Ehrenreich. Ihre eigene Einstellung zu Leben und Tod fasst die Autorin sinngemäß so zusammen: Als ich siebzig Jahre alt wurde, beschloss ich, jetzt bin ich alt genug zu sterben. Wer als Siebzig- oder Achtzigjähriger stirbt, der wurde nicht »mitten aus dem Leben gerissen«, dessen Tod kommt nicht »völlig überraschend«, auch wenn es in manchen Trauerreden oder Nachrufen so gesagt wird.

**Jetzt bin ich alt genug, um zu sterben.**

## Überforderte Rettungskräfte

An dieser Stelle kann ich mir einen derben Spruch von Theodor W. Adorno nicht verkneifen, der sich wunderbar als Fußnote zu Ehrenreichs Gedanken eignet: »Was nützt einem die Gesundheit, wenn man sonst ein Idiot ist?«

Befeuert wird die »Illusion von Kontrolle« durch laufend neue Medienberichte von Menschen, die angeblich »den« Krebs oder »das« Virus besiegt haben. In Wirklichkeit hat der Körper des betreffenden Menschen nur *eine* Art von Krebs- oder Viruserkrankung überlebt. Das ist wunderbar für ihn und für seine Angehörigen; aber die »Siegerinnen« und »Sieger« fallen oft wenig später einer anderen Krankheit oder einem tödlichen Unfall zum Opfer.

Die Wahrheit ist, ein Virus oder einen Tumor kannst du nicht besiegen, nur deine Angst, daran zu sterben. Ein erster Schritt in diese Richtung ist beispielsweise der Gedanke: Warum soll ich ausgerechnet an Covid-19 sterben? Es gibt noch tausend andere gefährliche Krankheiten, und einige davon habe ich überlebt, womöglich ohne es zu merken. Ich nehme die Dinge, wie sie kommen. Ich bin auf der Hut, aber ich will nicht ständig mit gezogener Handbremse durch die Landschaft fahren. Ich liebe das Leben und freue mich über jeden Tag, an dem die Sonne aufgeht, um auf mich und alle Kaninchen, Schlangen und Pinguine dieser Welt zu scheinen.

Wenn wir also über das Sterben reden, sollten wir Begriffe wie Sieg und Niederlage aus dem Spiel lassen. Wer so denkt, hat meist schon verloren – seine Lockerheit und Lebensfreude. Übertriebene Vorsicht oder gar Panik verderben uns den Tag und schwächen – das haben einschlägige Studien bewiesen – das Immunsystem. Mit dem Tod kannst du weder boxen noch pokern noch Schach spielen, höchstens im Film oder im Märchen.

Es gibt einen weiteren Punkt, der den meisten nicht bewusst ist: Einem anderen »das Leben retten« – das können wir Menschen im Grunde nicht. Wenn eine Chirurgin oder ein Rettungsschwimmer mich heute vor dem Tod bewahrt, werde ich dennoch sterben – in zwanzig Jahren oder auch schon übermorgen. Genau genommen wurde also nicht mein Leben gerettet, vielmehr wurde seine Dauer verlängert. Bevor ich missverstanden werde: Es ist immer eine großartige Sache, wenn ein Mensch vor dem vorzeitigen Tod bewahrt wird. Das gilt besonders dann, wenn es um das Leben eines Kindes oder eines jungen Menschen geht. Aber wir alle können uns besser vor Wut und Verzweiflung beim Gedanken an den Tod schützen, wenn wir uns ein für alle Mal klar machen: Die reale Welt ist vergänglich – jedes Lebewesen und jedes Staatswesen, jedes Haus, jede Firma, alle Planeten und Sterne – all dies sind dynamische Prozesse mit einem Ursprung und einem Ende. Insofern ist die Frage

*Wie können wir die Menschheit retten?*

falsch gestellt. Genauso gut könnte man fragen: Wie können wir die Sonne retten? Nichts und niemand kann verhindern, dass dieser Fixstern, dem wir das organische Leben auf der Erde verdanken, eines Tages verlöschen wird – eine Tatsache, die ich schon im ersten Kapitel ins Blickfeld gerückt habe, um deutlich zu machen: Auch Homo sapiens wird es eines Tages nicht mehr geben. Wofür wir kämpfen sollten, ist das Bewahren der Menschheit und jedes einzelnen Individuums vor dem vorzeitigen Ende, vor einem qualvollen oder würdelosen Abschied.

»Unser Leben retten« müssen wir selbst, und zwar vor Sinnlosigkeit und Leere. Die eben erwähnten »Lebensretter« – die Chirurgin oder der Mann, der mich aus dem Wasser an Land zieht – geben mir dazu eine neue Chance, die Möglichkeit, noch einmal neu anzufangen. Mit mehr Offenheit und Verständnis für andere, mit mehr Bescheidenheit und Freude an den kleinen Dingen des Lebens.

Es ist somit nicht fair gegenüber der Ärzteschaft, wenn todkranke Menschen an sie die Forderung richten: Retten Sie mich, ich will noch nicht sterben. Es ist eine Über-Forderung für die Halbgöttinnen und -götter in Weiß, die – auf lange Sicht – so machtlos gegenüber dem Tod sind wie der uns bestens vertraute Halbgott Achilles.

Wenn die Menschen vor hundertfünfzig Jahren ihre Gebete an Gott, an die Jungfrau Maria oder den Heiligen Antonius gerichtet haben – worüber sich damals schon viele lustig gemacht haben –, dann gab das eigentlich mehr Sinn als das, was heute die meisten denken: Gott gibt es nicht, also muss irgendein Doktor es richten mit meiner Rettung – ein Super-Herzspezialist oder eine weltberühmte Onkologin. Denn die damals Betenden waren sich ihrer eigenen Sterblichkeit eher bewusst als heute lebende Materialisten.

Wörter wie »vergänglichkeitsbewusst« oder »todesbewusst« findet man auch nicht im heutigen Sprachgebrauch. Wer etwa »todesbewusst« auf der Internet-Plattform »Linguee« eingibt, wird gefragt: Meinten Sie »modebewusst«?

## Früh die letzten Dinge regeln, gelassener werden

Vor ein paar Jahren hörte ich von der folgenden Episode in unserem Freundeskreis, die sich auf der letzten Etappe einer langjährigen Ehe ereignete. Klaus, der hochbetagte Ehemann, war schon seit einiger Zeit dement. Eines Tages saß er vor dem Fernseher und schaute sich einen Film an. Darin sah man Menschen auf einem Schiff, das unterzugehen drohte. Dies hatte zur Folge, dass Klaus sich einbildete, er sei selbst auf diesem Schiff. Er rief nach Marion, seiner Frau, die auch sofort ins Wohnzimmer kam und die Situation schnell erfasste. Statt nun mit ihrem Mann zu debattieren, begann sie wortlos, Bücher und andere Gegenstände aus dem Regal zu nehmen und wegzutragen. »Was machst du da?«, fragte der alte Herr seine Liebste. »Na, ich bringe schon mal ein paar Sachen in Sicherheit«, erwiderte sie. Darauf Klaus: »Gut, aber erst noch'n Küsschen.«

Nur kurze Zeit danach ging es mit Klaus rapide bergab. Marion sorgte dafür, dass er die letzten Tage seines Lebens in einem Hospiz verbrachte, wo er fachkundig und liebevoll betreut wurde. Als dann eines Tages das Begräbnis stattfand, mit Trauerfeier und anschließendem Beisammensein der Angehörigen und Freunde, spürte jeder, alles war seit langer Zeit gut vorbereitet.

Leider ist dies oft nicht der Fall. Bei Gesprächen mit Trauernden in den vergangenen Jahren war ich oft erstaunt zu erfahren, dass auch in jahrzehntelangen Beziehungen beide Partner das Thema Sterben nahezu vollständig in ihrer täglichen Kommunikation ausgeblendet hatten. Wie kann das sein? In der Konsequenz führt das Laisser-Faire zu peinlichen Trauerreden, zu Irritationen und Verzweiflung bis hin zu Streit unter den Hinterbliebenen eines gerade erst verstorbenen Menschen.

**Peinliche Trauerreden, Irritationen und Verzweiflung**

Es ist gar nicht so schwer, es besser zu machen. Das fängt damit an, beizeiten über das eigene Lebensende nachzudenken und darüber mit anderen Menschen zu sprechen – mit seiner Lebensgefährtin, seinem Sohn oder der Hausärztin. Wir sollten uns selbst dazu den Ruck geben, wenn es uns gut geht, wenn wir nicht schon mit dem Rücken zur Wand des Todes stehen, sondern ruhig und entspannt ein solches Gespräch führen können. Und es sollte natürlich nicht bei einer einmaligen Unterredung bleiben.

Es tut nicht weh, im Gegenteil, es tut gut, gemeinsam mit einem Menschen, dem wir vertrauen, zu philosophieren über die Gewissheit des Sterbens, über die Frage, was vorher noch schriftlich festzulegen ist, und darüber, was wohl mit uns nach unserem Tod passiert. Dieses Sich-Aussprechen und Sich-Austauschen sollten wir auf keinen Fall zu lange vor uns herschieben. Wer zu wenig übt, vermasselt die Premiere. Und was sonst ist der eigene Tod?

Wer sich bei diesem Thema allzu schwer tut mit seiner Aufschieberei, dem lege ich noch einmal den Wettlauf zwischen Achilles und der Schildkröte Henry im zweiten Kapitel ans Herz. Dabei ging es um den Denkfehler mit den unendlich vielen Wegstrecken, die immer kleiner werden. Wenn du achtzehn Jahre alt bist, bewegst du dich meist auf einem ähnlichen Holzweg: Du denkst, es liegen noch unendlich viele Tage vor dir; aber die Anzahl deiner restlichen Lebenstage beträgt allerhöchstens 100 mal 365, also weit weniger als 40.000.

Hinzukommt, dass es – anders als etwa beim Marathonlauf mit seinen 42.195 Metern – keine fixe Gesamtstrecke gibt, die im Voraus allen bekannt ist. Wer zu seinem achtzehnten Geburtstag ein Motorrad geschenkt bekommt, kann damit schon wenig später schwer verunglücken.

An diesem Beispiel lässt sich ein weiteres Argument *gegen* das Auf-die-lange-Bank-Schieben und *für* ein frühzeitiges Regeln der letzten Dinge festmachen. Gehen wir einmal von diesem Szenario aus: Ein volljähriger junger Mensch, der noch zur Schule geht und bei seinen Eltern lebt, liegt aufgrund eines Unglücks im Koma. Was vielen juristischen Laien nicht bewusst ist: Die betroffenen Eltern haben nicht das Recht, im Namen ihres erwachsenen Kindes über dessen weitere medizinische Behandlung zu entscheiden. Ebenso können sie nicht auf seine Bankkonten zugreifen, seine Verträge ändern oder kündigen – es sei denn, all das wurde schriftlich festgelegt, beispielsweise am achtzehnten Geburtstag der Tochter oder des Sohns. Falls nicht, wird dies in der betreffenden Situation, in der es um Leben und Tod und um rasches Handeln geht, zu großen seelischen Belastungen der Angehörigen führen.

Was aber sind nun die zu regelnden letzten Dinge? Ganz einfach, hier sind sie:

- Einrichten einer Notfalltasche mit allen relevanten Dokumenten und Notizen, z. B. einer Passwort-Liste
- Patientenverfügung, Vorsorgevollmacht
- Betreuungsverfügung
- Testament
- Wünsche bezüglich Beisetzung und Trauerfeier wie etwa die Zusammenstellung einer Playlist

## »Wie möchten Sie sterben?« – »Am liebsten gar nicht.«

Welch zentrale Bedeutung der Patientenverfügung zukommt, zeigt uns auch das folgende Beispiel. Es spielt sich vor dem Hintergrund der Corona-Pandemie ab, die mit all ihren Konsequenzen das Leben der Menschen zu Beginn der Zwanzigerjahre dieses Jahrhunderts dramatisch verändert und manche von ihnen in Panik versetzt hat. Am 18. November 2021, zur Zeit der so genannten vierten Welle in Deutschland, schrieb der Kolumnist Franz-Josef Wagner, seit vielen Jahren eine Art Institution bei der BILD, einen offenen Brief an den »lieben Boris Palmer«, den Tübinger Oberbürgermeister. Darin heißt es:

> *Mitten in unserer Schicksalszeit – 60 000 Infizierte täglich – kommen Sie mit einer Idee, die mir das Blut gefrieren lässt. Auf Facebook schreiben Sie: »Liebe Impfgegner, unterschreibt eine Patientenverfügung, dass ihr auf eine Krankenhausbehandlung verzichtet.« Sie wollen die Nichtgeimpften also sterben lassen in ihren Wohnungen, ohne Ärzte, ohne Hilfe. (…) Wie können Sie so etwas schreiben? Ob geimpft oder nicht geimpft, jeder Mensch ist es wert, gerettet zu werden?! Leider, Herr Palmer, Bürgermeister von Tübingen, gibt es keinen Impfstoff gegen Irrsinn.*[31]

Derselbe Boris Palmer war ein paar Tage vorher in einem BILD-Kommentar von Peter Tiede als »Freigeist« gewürdigt worden, als »einer der aneckt, zu Widerspruch neigt, zum Überprüfen eigener Positionen anregt«. Damit stehe er für »echte Meinungsvielfalt« in der Partei der Grünen.[32]

Die beiden BILD-Artikel verdeutlichen holzschnittartig zwei der vielen unterschiedlichen Standpunkte in der Corona-Debatte. Auf der einen Seite der angstgetriebene Ruf nach Rettung und das Delegieren jeglicher Entscheidungsbefugnis an Politikerinnen, Virologen und Ärzte, auf der anderen Seite die Verteidigung von freier Meinungsäußerung und Selbstbestimmung.

Was eigentlich wirft Herr Wagner in seinem Brief Herrn Palmer vor? Der entscheidende Satz lautet: »Sie wollen die Nichtgeimpften also sterben lassen in ihren Wohnungen, ohne Ärzte, ohne Hilfe.« Die letzten vier Wörter sind eine herabwürdigende Unterstellung, die völlig an der Realität vorbeigeht. Denn warum sollte ein schwerkranker alter

Mensch, der nicht mehr ins Krankenhaus will und bereit ist, zu Hause zu sterben, dort keine Hilfe von seiner Hausärztin und liebevollen Angehörigen erhalten? Ein beeindruckendes Gegenbeispiel werden wir am Ende dieses Kapitels im Abschnitt »Sterbefasten« kennenlernen.

Und der Text davor – wo ist da der Skandal? Sehen wir einmal davon ab, dass die Empfehlung Palmers sich ausschließlich an Impfgegner richtet und somit als Nötigung gedeutet werden könnte; sehen wir ebenso davon ab, dass es im besagten Fall um die leidige und überhitzte Corona-Debatte geht. Dann bleibt unter dem Strich nichts als die dringende Bitte eines Bürgermeisters, rechtzeitig über die Frage nachzudenken: Auf welche Weise möchte ich irgendwann aus dem Leben scheiden? Und was kann ich heute tun, beispielsweise durch das Verfassen einer Patientenverfügung, um zu verhindern, dass meine letzten Lebenstage und -stunden quälend und würdelos sein werden?

Als ehemaliger Kriegsberichterstatter weiß Franz-Josef Wagner, was es bedeutet, auf einem Schlachtfeld zu sterben. Ebenso weiß er sicher, dass es eine irrige Annahme vieler Menschen ist, bei einem Flugzeugabsturz würde man schon nach wenigen Sekunden von seiner Angst und seinem Leid erlöst. Das Gegenteil ist oft der Fall. Bei dem verheerenden Germanwings-Unglück im März 2015 in den französischen Alpen beispielsweise dauerte es acht Minuten, bis die Maschine an einem Berg zerschellte. Acht Minuten, in denen die Passagiere – so heißt es in einem BILD-Report – »mit großer Wahrscheinlichkeit bei vollem Bewusstsein« den unmittelbar bevorstehenden Tod erwarteten.[33]

Und ist es etwa ein würdevoller Abschied von der Bühne des Lebens, wenn du in einer Intensivstation stirbst, angeschlossen an ein Gewirr von Apparaten und Computern, umgeben von Medizinern und Pflegekräften, die den Tod am Ende nicht verhindern können? Wenn du diese letzten Stunden womöglich »bei vollem Bewusstsein« erlebst und dich völlig hilflos und ausgeliefert fühlst, wie in einem abstürzenden Flugzeug – allerdings mit dem Unterschied, dass hier keiner neben dir sitzt, denn deine Liebsten lässt man nicht zu dir, weil gerade wieder ein Virus sein Unwesen treibt.

Deshalb geht der Rest der Menschheit auf Distanz zu dir, noch ehe du gestorben bist. Auf Sicherheitsabstand. Man will schließlich weiterleben. Und man kann anschließend guten Gewissens sagen, dass du in der Stunde deines Todes nicht »ohne Ärzte, ohne Hilfe« warst. Naja, die Hilfe bestand zum großen Teil aus der Interaktion zwischen Maschinen und deinem Körper, der Beistand für deine sterbende Seele fiel ins Wasser, aus Hygienegründen. Aber wenn alles klappt, dürfen einige deiner engsten Angehörigen an deinem Begräbnis teilnehmen. Vorausgesetzt, es sind überhaupt Teilnehmer für die Trauerfeier zugelassen und diese haben nicht zu wenige Impfnachweise und nicht zu viel Angst vor einer Infektion.

## Die Verantwortung für unseren eigenen Körper, unseren Geist und unsere Seele

Niemand kann im Voraus bis ins Detail darüber entscheiden, auf welche Art er eines Tages sterben wird. Aber jeder von uns kann noch am heutigen Tag schriftlich festlegen, wie es bei ihm *nicht* laufen soll. Zum Beispiel, dass er dann, wenn sein Körper und seine Seele dem Tod geweiht sind, auf keinen Fall für sinnlose »lebensverlängernde Maßnahmen« in eine Klinik transportiert wird. Dass seine Familie und sein Arzt ihn stattdessen in seinem Bett sterben lassen, wo er – sofern dies möglich ist – noch Abschied von seinen Liebsten nehmen kann. Genauso ist es vor einigen Jahren bei meinem Vater gewesen.

Das Dokument, in dem ich für meine Person all diese Dinge beschrieben und definiert habe, hat außer mir auch mein Hausarzt unterschrieben. Genau darum geht es: Wer uns – wie Boris Palmer es tut – dazu auffordert, durch das Verfassen einer Patientenverfügung die Verantwortung für unseren eigenen Körper, unseren Geist und unsere Seele zu übernehmen, der ist nicht irrsinnig, wie es in dem erwähnten Brief des BILD-Kolumnisten Wagner unterstellt wird. Palmer will – so können wir vermuten – nicht Menschen ohne Hilfe sterben lassen. Ganz im Gegenteil. Was er fordert, ist Konsequenz und Redlichkeit, das Denken und Handeln eines reifen, erwachsenen Menschen.

Als eine Art Kontrapunkt zum Wagner-Artikel kann man die Kolumne von Sascha Lobo verstehen, die kurz vor Ablauf des zweiten Corona-Pandemiejahres, am 29. Dezember 2021, auf SPIEGEL Online erschien. Und zwar unter der Überschrift: »Wir reden zu wenig über den Tod«.

An dem *Wir* lässt sich der selbstkritische Ansatz des Textes erkennen. Denn in seinem Bestseller *Realitätsschock* aus dem Jahr 2019 hat Lobo sich intensiv mit vielen existenziellen Fragen zur Zukunft der Menschheit auseinandergesetzt, mit dem Klimakollaps, mit Migration und künstlicher Intelligenz, Gesundheit und Cybermobbing. Aber die spirituelle Dimension der vielen schockierenden Entwicklungen unserer Zeit wird dabei weitgehend ausgeklammert. Umso erstaunlicher und dankenswerter ist es, dass der Autor zwei Tage vor Silvester 2021 in seinem Artikel auf authentische und sehr menschliche Weise von der schweren Krankheit und dem Tod seines Vaters im Jahr 2019 berichtet.

Der äußere Anlass für Lobos Artikel war das Urteil des Bundesverfassungsgerichts im Dezember 2021 zum äußerst umstrittenen Thema *Triage*, das heißt zu der Frage: Nach welchen Kriterien sollen Ärztinnen und Ärzte in einer Klinik entscheiden, wenn ein Notfall vorliegt. Wenn beispielsweise in einer Pandemie zu wenige Intensivbetten für eine große Anzahl schwer erkrankter Menschen zur Verfügung stehen: Wer wird für die Intensivbehandlung ausgewählt, und wer muss warten?

Vor dem Hintergrund dieser Problemstellung hat Sascha Lobo beschrieben, wie er sich vor wenigen Jahren verhalten hat, als sein Vater am Ende seines Lebens körperlich und geistig so geschwächt war, dass er selbst nicht mehr die Entscheidung über seine medizinische Behandlung treffen konnte.

> *Ich habe entschieden, dass mein Vater nicht operiert wird. Er wurde nach Hause gebracht. Er ist noch ein paar Mal aufgewacht und war sehr froh, zu Hause zu sein. Er hatte keine Lust mehr auf das Krankenhaus, er hätte sich genau so entschieden wie ich. Zwei Wochen später starb er. Ich schreibe die Geschichte von*

*meinem Vater auf, weil in der Öffentlichkeit wenig über den Tod gesprochen wird. Und weil ich glaube, dass in der Diskussion um die Triage auch die eigenen Entscheidungen der Menschen berücksichtigt werden sollten.*[34]

## Learning by Doing

Detaillierte Hinweise zur Patientenverfügung und zu allen anderen Punkten in unserer Liste der letzten Dinge gibt es auf entsprechenden Internetseiten. Sehr hilfreich ist *Das Vorsorge-Set* von Stiftung Warentest/Finanztest; diese DIN-A4-Broschüre enthält im Anhang alle notwendigen Formulare zum Heraustrennen.[35]

Bei all dem geht es natürlich nicht nur um Formblätter und gesetzliche Regelungen. Ganz am Anfang des Prozesses sollte der Termin vor Ort in einem Begräbnisinstitut stehen – eine Art Einstiegsübung. Das Klären offener Fragen in dieser ungewohnten Umgebung, und zum ersten Mal in eigener Sache, hat eine ernüchternde und beruhigende Wirkung; oft nimmt das Gespräch einen ganz anderen Verlauf, als der oder die Ratsuchende es erwartet hat. Es kommen ermutigende und auch humorvolle Dinge ins Spiel.

Der Pfiff der Sache: Indem du dasitzt und sprichst und dir Muster von Särgen und Urnen anschaust, dich vielleicht sogar zu einem Probeliegen in einem Sarg entschließt, bist du noch nicht tot. Auch nicht todkranker Patient auf einer Intensivstation. Aber es ist kein Spaß, es ist ein sehr ernstes Planspiel. Du bist konzentriert, lebendig, du stellst Fragen und bist ein Handelnder. Du entscheidest selbst über deine Art, die Bühne zu verlassen. Und du hinterlässt, wenn du stirbst, deinen Angehörigen und Freunden nicht einen Stapel unerledigter Notizzettel.

Es folgen die Gespräche mit dem Hausarzt, einer Pfarrerin oder einem Trauerredner, möglicherweise auch mit einer Anwältin und einem Notar. Und ein Jurist oder auch eine erfahrene Theologin werden dir zu einer salvatorischen Klausel in deinem Testament raten, das heißt: Gib deinen Hinterbliebenen das Gefühl, dass du ihnen vertraust und dass auch dann alles in Ordnung ist, wenn nach deinem Tod ein von dir aufgeschriebener Wunsch nicht eins-zu-eins umgesetzt werden kann.

Und noch etwas: Alle Dokumente in deiner Notfalltasche solltest du von Zeit zu Zeit überprüfen und wenn nötig aktualisieren, zum Beispiel jedes Jahr am Tag vor deinem Geburtstag oder kurz vor dem Jahreswechsel.

Meine Erfahrung ist: Wer sich an die Arbeit macht und die obigen Punkte schrittweise erledigt, der erspart nicht nur seinen Angehörigen Mühsal und Leid in der Zukunft; es wird ihm selbst hier und jetzt spürbar besser gehen. Kein Wunder, denn er hat sich schon mit drei von sechs Schritten auf dem Weg zu einem glücklichen Leben befasst: Ruhe, Klarheit, Mitgefühl.

Bei mir hat die Aktion »Die letzten Dinge« unter anderem dazu geführt, dass ich den Kontakt zu mehreren Menschen gesucht habe, mit denen ich mich in einem ungelösten Konflikt befand. Es kam zu Versöhnungen, in zwei Fällen erhielt ich keine Antwort. Damit kann ich leben. Denn in der Stunde des Todes kann ich sagen, ich habe meine Hand ausgestreckt, und wenn die Hand des anderen in der Tasche geblieben ist, dann ist das auch in Ordnung. Vielleicht habe ich ihn damals nur auf dem falschen Fuß erwischt.

## Sterbefasten – eine kaum bekannte Option

Zum Abschluss dieses Kapitels über furchtlose Optimisten will ich von einer Frau berichten, die auf großartige Weise gezeigt hat, was ein gelingendes Leben und ein Sterben in Würde ist. In dem Buch *Sterbefasten* schildert Christiane zur Nieden die letzten Wochen im Leben dieser Frau – ihrer Mutter Jacqueline.[36]

Obwohl Jacquelines engste Angehörige zunächst schockiert reagieren, steht ihr Entschluss eines Tages fest: Sie ist zwar nicht sterbenskrank, aber durch viele körperliche Beschwerden beeinträchtigt. Nach einem erfüllten Leben möchte sie ein langes Siechtum vermeiden und deshalb durch freiwilligen Verzicht auf Nahrung und Flüssigkeit für immer Abschied nehmen. Dieser Weg ist nicht leicht, das wird in zur Niedens Buch eindringlich dargestellt, aber er ist – mit liebevoller Unterstützung – zu meistern.

**Dieser Weg ist nicht leicht.**

In einem kurzen historischen Rückblick erläutert die Autorin, dass die Methode des Sterbefastens – obwohl heute nur wenigen Menschen bekannt – schon in der Antike praktiziert wurde. Ferner »wird von alten, gebrechlichen Prärie-Indianern berichtet, die sich mit klarem Verstand von ihrem Stamm verabschiedeten, um allein zurückzubleiben, wenn dieser aufbrach, um neue Weidegründe zu suchen.«[37]

Jacqueline, die man als Seelenverwandte der weisen Schweizerin Sofie Pfister-Odermatt betrachten kann, ist für mich eine Heldin. Sie hat uns ein Beispiel gegeben – für all das, wovon in den folgenden Kapiteln die Rede sein wird und worauf es ankommt, wenn wir in Würde leben und sterben wollen: Gelassenheit, Versöhnlichkeit und Courage, Freiheit und Selbstbestimmung.

# Lernen, glücklich zu sein – sechs Schritte

Ein glückliches Leben hat sehr viel mit Logik zu tun. Sicher halten einige jetzt dagegen: »Logik ist ungefähr das Gegenteil von dem, was ich mir unter Glück vorstelle.«

Aber bevor wir genauer betrachten, wie am Ende eine Balance von Vernunft und Gefühl gelingen kann, sei schon jetzt gesagt: Gerade das Dagegenhalten ist wichtig! Wenn du nach Glück und Zufriedenheit strebst, solltest du stets diese beiden Punkte beherzigen:

- Benutze deinen Verstand – vor allem dann, wenn du aufgeregt oder betrübt bist. Folge deinem natürlichen Bedürfnis nach Wahrheit, Sinn und Logik.
- Halte dagegen! Lass dir niemals die *Freiheit* des Geistes und den *Mut* zur Gegenrede nehmen.

Damit sind neben dem Glück zwei weitere von sechs Begriffen benannt, die wir uns nun näher anschauen werden:

GLÜCK
FREIHEIT
MUT
MITGEFÜHL
KLARHEIT
RUHE

Das Sextett besteht aus zwei Trios – den beiden Perlenketten, die uns schon im Intro begegnet sind und deren Urheber zu ganz unterschiedlichen Kulturen und Zeitaltern gehören.

Beginnen wir mit dem ersten Trio: Glück-Freiheit-Mut. Wie eng diese drei Dinge miteinander verzahnt sind, hat Perikles, der bereits erwähnte Staatsmann der griechischen Antike, in zwei kurzen Sätzen zusammengefasst:

*Das Geheimnis des Glücks ist die Freiheit;*
*deren Geheimnis aber ist der Mut.*

Wer lange genug diesen Worten nachsinnt, stellt fest: Sie sind erstens voller Weisheit, zweitens geht es um logische Verknüpfungen. Für meine Eingangsthese von der Logik des Glücks habe ich also mit Perikles einen hochkarätigen Kronzeugen.

In meinen Mathematikkursen habe ich, wenn es ums logische Schließen ging, oft das obige Zitat verwendet, um typische Denkfehler zu veranschaulichen. Zunächst sollten wir kurz klären: Was genau ist eine Schlussfolgerung – in der Sprache der Logik eine *Wenn-dann-Aussage* oder *Implikation*?

Ein Beispiel: Die beiden Aussagen

A: Es regnet.
B: Die Straße ist nass.

kann man zu der folgenden Implikation zusammenfügen:

Wenn es regnet, dann ist die Straße nass.

Oder mathematisch ausgedrückt:

$$A \Rightarrow B$$

Der Wahrheitsgehalt dieser neuen, aus A und B zusammengesetzten Aussage lässt sich problemlos nachvollziehen: Wenn A (Es regnet) wahr ist, dann ist auch B (Die Straße ist nass) wahr. Stillschweigend vorausgesetzt wird hierbei, dass diese Straße sich unter freiem Himmel befindet.

Einer der häufigsten Denkfehler ist die schlichte Umkehrung einer Implikation. Im obigen Beispiel käme man dann zu der Aussage: Wenn die Straße nass ist, dann regnet es. Und das ist falsch. Es könnte doch sein, dass es vor fünf Minuten noch heftig geregnet hat, inzwischen aber die Sonne scheint; oder nehmen wir an, bei einer nicht genehmigten Demonstration kommt es zum Einsatz eines Wasserwerfers. In beiden Fällen ist die Straße nass, aber es regnet nicht.

Es besteht somit die Gefahr, den Perikles-Spruch falsch zu deuten, nämlich: Jeder, der mutig ist, ist auch frei; und jeder, der frei ist, ist auch glücklich. Und dies ist wiederum falsch, das kann jeder leicht an Beispielen aus seinem persönlichen Umfeld festmachen. Die Welt ist voller Menschen, die mutig sind und es dennoch nicht schaffen, frei und glücklich zu werden. Umgekehrt wird jedoch ein Schuh aus dem Satz des klugen Griechen:

Um *glücklich* zu werden, muss ich *frei* sein;
und um frei zu werden, muss ich *mutig* sein.

Die Freiheit ist zwar notwendig für das Glück, aber nicht hinreichend. Hinzukommen müssen Dinge wie Freundschaft und Liebe. Ebenso ist der Mut nur eine von mehreren Bedingungen für das Erlangen von Freiheit. Eine weitere ist zweifellos die Beharrlichkeit.

Es gilt also nicht

$$\text{Mut} \Rightarrow \text{Freiheit} \Rightarrow \text{Glück}$$

sondern

$$\text{Glück} \Rightarrow \text{Freiheit} \Rightarrow \text{Mut}$$

Die letzte Zeile löst oft Irritation aus, wenn jemand sie zum ersten Mal sieht. Vielleicht geht es dir, liebe Leserin, lieber Leser, genauso, und du findest die falsche Aussage davor einleuchtender als die wahre. Das ist nicht weiter tragisch, im Gegenteil. Denn genau dann, wenn wir erstaunt oder verwirrt sind, fangen wir an zu lernen.

Wir müssen uns einfach von der Vorstellung lösen, dass das Zeichen $\Rightarrow$ etwas mit einer zeitlichen Abfolge zu tun hat, weil es an horizontale Zeitachsen erinnert, die von links nach rechts verlaufen. Das besagte Zeichen steht für die logische Verknüpfung zweier Aussagen und für nichts anderes. Denn es kann im Einzelfall sein, dass jemand aus einem gegenwärtigen Tatbestand Schlüsse in Richtung Vergangenheit zieht, etwa ein Detektiv bei der Aufklärung eines Verbrechens.

Und nun schauen wir uns noch einmal die Perikles-Verknüpfung an:

$$\text{Glück} \Rightarrow \text{Freiheit} \Rightarrow \text{Mut}$$

Die Logik läuft von links nach rechts, aber die Zeitachse von rechts nach links! Das Glück ist das Ziel, aber zuallererst ist Mut gefordert.

Wenn wir weiter über Perikles' Worte nachdenken, stellen wir fest, es fehlt noch etwas. Als Voraussetzung für ein freies und glückliches Leben wird der Mut genannt. Aber wir alle sind ab und zu mutlos. Was dann?

*Wie schaffe ich es, neuen Mut zu schöpfen?*

Lässt sich die logische Kette Glück-Freiheit-Mut womöglich sinnvoll ergänzen? Auf meiner Suche nach einer Lösung bin ich auf drei weitere Begriffe gestoßen:

*Mitgefühl, Klarheit, Ruhe*

Gefunden habe ich sie in den Schriften von Thich Nhat Hanh, einem in Vietnam geborenen buddhistischen Mönch, Poeten und Lehrer, der von 1926 bis Januar 2022 gelebt hat.

Immer wieder bringt er diesen Dreiklang ins Spiel; und auch die logische Verknüpfung: Zum Mitgefühl brauchst du Klarheit, zur Klarheit wiederum brauchst du Ruhe.

Um aber die drei Schlüsselbegriffe von Thich Nhat Hanh mit dem Perikles-Trio zum Sextett zusammenzufügen, brauchen wir noch etwas. So viel ist klar, die Schweißnaht verläuft zwischen MUT und MITGEFÜHL. Und siehe da, das Schweißgerät liefert uns der vietnamesische Mönch gleich mit! In seiner Schrift *Einfach sitzen* heißt es:

> *Mitgefühl geht mit Mut einher, und Mut führt zu wahrem Glück. Verfügen Sie über großes Mitgefühl, werden Sie voller Mut handeln können.*[38]

Es ist wie mit dem Glück und der Logik. Auch hier, bei Mut und Mitgefühl, ergibt sich auf den ersten Blick kein Zusammenhang. Wir neigen zu der Annahme, Menschen mit großem Mitgefühl haben weniger Mumm. Aber das Gegenteil ist der Fall, sagt Thich Nhat Hanh.

Zum Überprüfen dieser Hypothese lade ich dich zu einem Gedankenexperiment ein. Stell dir vor, Jesus und Stalin begegnen sich bei einer Podiumsdiskussion. Was glaubst du, wer von beiden hat die größere Angst vor dem jeweils anderen? Und wer hat das größere Mitgefühl?

***

Das zu Beginn vorgestellte Sextett ist nun vollständig:

*Glück – Freiheit – Mut – Mitgefühl – Klarheit – Ruhe*

Diese Begriffskette kann ebenso von links nach rechts wie von rechts nach links gelesen werden, beides ergibt Sinn:

- Im ersten Fall haben wir die Abfolge der logischen Schlüsse. Beginnend beim Glück, dem Ziel, wird überlegt, welche Punkte zur Zielerreichung notwendig sind. Das alles läuft in unserem Kopf ab, noch bevor wir zur Tat schreiten.
- Im zweiten Fall – Ruhe, Klarheit, Mitgefühl usw. – geht es um die Reihenfolge unserer Handlungsschritte im Alltag. Wir sorgen zuallererst für Ruhe, äußerlich wie innerlich, um Klarheit zu finden. Anschließend rollen wir das Feld weiter von hinten auf, bis wir uns am Ende – hoffentlich – glücklich fühlen.

Wir werden nun jeden der einzelnen Schritte genauer betrachten, und zwar in der logischen Reihenfolge.

# Schritt 1: Glück

»Zuerst hatten wir kein Glück, dann kam auch noch Pech hinzu«,[39] diese bemerkenswerten Worte sagte der Fußballer Jürgen Wegmann, als man ihn nach dem Schlusspfiff eines Spiels fragte, was denn aus seiner Sicht die Gründe für die Niederlage seines Teams gewesen seien. Der Spruch ist mittlerweile eine nie versiegende Quelle guter Laune – sei es, dass jemand Fußballfan ist oder von Fußball wenig Ahnung hat. Oder beides, denn auch das kommt ja vor.

Den Satz findet fast jeder hanebüchen. Wenn wir aber genauer hinschauen, stellen wir fest, dass er eine Menge Logik und Wahrheit enthält.

»Kein Glück haben« ist tatsächlich nicht dasselbe wie »Pech haben«. In einem Fußballmatch braucht auch der beste Stürmer etwas Glück, damit sein Torschuss zum Erfolg führt. Angenommen, dieses Glück des Tüchtigen fehlt und eine falsche Entscheidung des Schiedsrichters führt am Ende zum Sieg des Gegners, dann ist das Pech.

Der legendäre Fußballer-Spruch zeigt: Es ist gut, das Leben von der humorvollen Seite zu nehmen; aber Jux und Tollerei reichen nicht aus, um sich angemessen mit dem Begriff Glück auseinanderzusetzen. Sprüche wie der von Jürgen Wegmann sind witzig, aber zugleich doppelbödig. Und den doppelten Boden erkennt nur der, der den Dingen auf den Grund geht.

Bei dem Wegmann-Interview ging es auch nicht um die Frage »Wie fühlt man sich nach einer Niederlage?«, sondern um nüchterne Ursachenforschung, um die Logik des Unglücks. Natürlich sind wir zu einer rein sachlichen Betrachtung kaum fähig, wenn wir noch unter dem unmittelbaren Eindruck eines Misserfolgs oder Unheils stehen. Eine gewisse Zeit der Trauer ist absolut notwendig und hilfreich. Aber auf lange Sicht ist Selbstmitleid Gift für die Seele. Nur wer irgendwann alles auf den Prüfstand stellt, auch das eigene Verhalten, kann aus Niederlagen gestärkt hervorgehen.

## Wer führt Regie im Film deines Lebens?

Wenn ich das Mangelhafte immer nur bei anderen suche, mache ich selbst einen Riesenfehler und bereite damit den nächsten Fehlschlag vor. Der Psychologe Wayne Dyer hat diesen Mechanismus punktgenau beschrieben: »Wem du die Schuld gibst, dem gibst du die Macht.«[40]

In dem Moment jedoch, in dem wir anderen Menschen Macht über uns geben, verlieren wir unsere Freiheit. Das führt uns eigentlich schon zum nächsten unserer sechs Schritte. Aber das Thema Glück sollten wir nicht mit Betrachtungen über Unglück und Schuld beenden. Wir denken noch einmal in Ruhe nach über die kurze und sehr vertrackte Frage:

*Was ist Glück?*

Es liegt auf der Hand, dass jeder mit diesem Wort etwas anderes verbindet als beispielsweise sein Nachbar oder seine Chefin. Und mit fünfzig oder achtzig Jahren wird ein Mensch nicht mehr dieselbe Vorstellung von Glück haben, die er als Kind oder als Heranwachsender hatte.

Vor allem der Begriff der Glückseligkeit wird – je nach Weltanschauung und Religion – sehr unterschiedlich gedeutet. Friedrich der Große kam deshalb vor fast dreihundert Jahren zu der weisen Entscheidung: »Jeder soll nach seiner Façon selig werden.« An dieser Stelle kommt ein entscheidender Punkt ins Spiel: Je stärker ein Mensch auf Grund seiner religiösen Überzeugung an ein Paradies im Jenseits glaubt, desto geringer ist möglicherweise sein Antrieb, das Glück schon im Diesseits anzustreben. Und wer jedes Wort einer Heiligen Schrift für unumstößlich hält, für den haben Freiheit und klares Denken eine andere Bedeutung als für weniger religiöse Menschen. Andererseits: Mitgefühl und Ruhe, zwei weitere Begriffe aus unserem Sextett, haben besonderes Gewicht für Frauen und Männer, die regelmäßig einen Tempel, eine Kirche, Synagoge oder Moschee besuchen.

Eine Art Gegenpol zur Glückseligkeit ist die saloppe Redewendung »Schwein gehabt«. Hier geht es weniger ums Glücklich-Sein als um das Glück-Haben. Dummerweise wird in der deutschen Sprache all das zu dem einen Wort

»Glück« verkürzt, während man beispielsweise im Englischen zwischen »happiness« und »luck« unterscheidet.

## … aber ohne Freude ist alles nichts

Bevor wir uns nun in Spitzfindigkeiten verlieren, halten wir einfach einmal fest: Glück mag eine Menge mit Verstand und Logik zu tun haben, aber viel wichtiger für das Glück ist die Freude. Egal, ob ich unsterblich verliebt bin oder einen Sechser im Lotto gelandet habe, ob ich in Mitteleuropa oder in Südafrika Boogie-Woogie tanze – als Mann oder Frau, divers, homo- oder heterosexuell, als Kind oder als Greis:

*Ich freue mich, also bin ich glücklich.*

Glück-Haben und Glücklich-Sein liegen also gar nicht so weit auseinander, die Freude ist das verbindende Element. Man kann das sehr gut am Beispiel des bereits erwähnten Fußballspielers Wegmann festmachen. Dieser Mann, der – ohne es zu wollen – mit einem einzigen Satz zum Philosophen wurde, hat in dem besagten Moment natürlich über das Glück-Haben gesprochen. Aber glücklich zu sein, das war ihm als Fußballer nicht fremd. Fußball ist kein Glücksspiel. Im Moment des Triumphs, wenn du den Pokal oder die Meisterschale in deinen Händen hältst, bist du auf dem Gipfel der Seligkeit. Der Erfolg ist hart erarbeitet, er ist nicht nur durch Dusel entstanden. Auch, entgegen anderslautenden Gerüchten, beim FC Bayern München nicht.

Von Jürgen Wegmann wird übrigens berichtet, dass er nicht nur glückliche Tage erlebt hat. Nach den großen sportlichen Erfolgen kam der soziale Abstieg. Dennoch, die Erinnerung an die Höhepunkte seiner Karriere kann ihm keiner nehmen. Frauen und Männer, die mit Enthusiasmus einem Beruf oder einem Hobby nachgehen, befinden sich oft im *Flow* – wie Kinder, die völlig versunken in ein Spiel oder eine Tätigkeit sind. Beim Jazz oder beim Rhythm & Blues nennt man es *Groove*.

Leider – man könnte auch sagen, zum Glück – ist das Gefühl der vollkommenen Zufriedenheit meist eine Frage von Minuten oder gar Sekunden. Der Versuch, den Augenblick künstlich zu verlängern, wird stets scheitern. Das Hier und Jetzt ist ein Punkt, ohne Ausdehnung.

Die Kunst besteht im Grunde darin, sich ganz dem glücklichen Moment hinzugeben und Kraft daraus zu schöpfen, um Zeiten der Langeweile, der Trauer und der Angst zu überstehen – bis zum nächsten Glücksmoment, den es vielleicht schon heute Abend geben wird. Der Dichter Eugen Roth hat diese Lebens-Kunst auf seine ganz besondere Weise beschrieben:

*Wir alle steigen ziemlich heiter*
*empor auf unsrer Lebensleiter:*
*Das Gute, das wir gern genossen,*
*das sind der Leiter feste Sprossen.*
*Das Schlechte – wir bemerken's kaum –*
*ist nichts als leerer Zwischenraum.*

Der Mann, dem wir diese Verse verdanken, war ganz offensichtlich ein »ziemlich heiterer« Mensch – obwohl er in zwei Weltkriegen und besonders in der Zeit der Hitler-Diktatur viel Leid und Unrecht erdulden musste. Natürlich war auch ihm klar, dass nicht »wir alle« geborene Optimisten sind. Irgendwann jedoch hat er erkannt: Man kann an den Sprossen und Zwischenräumen seiner Lebensleiter nicht viel ändern, aber die Wahrnehmung und Bewertung der Dinge – das hat jeder selbst in der Hand.

**Wir dürfen dem Unheil nicht zu viel Aufmerksamkeit widmen.**

Den Schlüssel zum gelingenden Leben finden wir in der Zeile »Das Schlechte – wir bemerken's kaum«. Wir dürfen dem Unheil, von dem uns täglich berichtet wird, nicht zu viel Aufmerksamkeit und Lebensenergie widmen. Das müssen wir lernen. Und es lässt sich auch lernen; mehr dazu im sechsten Schritt, wo es um das Thema Ruhe geht.

Andernfalls versäumen wir die Augenblicke der Freude und des Genießens – all das, was wir früher als Kinder ganz spontan aufgesogen haben: den Duft von Zuckerwatte auf dem Jahrmarkt oder den Geruch des Waldbodens gleich hinter dem Ferienhaus der Großeltern, die Mohnblüte am Wegesrand, ein Lächeln oder eine Umarmung.

In dem Lied *Un attimo di pace* besingt Eros Ramazotti solche Funken des Glücks: »Lass mich nur einen Moment des Friedens einatmen, diesen Schluck frischer Luft, solange er da ist.«[41]

# Schritt 2: Freiheit

An einem sonnigen Morgen im April 2020, die Corona-Sicherheitsmaßnahmen erreichten gerade ihren ersten Höhepunkt, stand ich am Ufer des kleinen Flusses, der durch unsere Stadt fließt. Ich war in gedrückter Stimmung, denn ich vermisste Stammcafé und Sportstudio, die jetzt geschlossen waren.

Mein Blick fiel auf einen Graureiher, der minutenlang regungslos auf der Wasseroberfläche zu stehen schien, eine weißgraue Skulptur auf nass glänzendem Sockel – dem Stein im Wasser, der dem Vogel Halt gab. Plötzlich kam Leben in die Statue. Der Reiher breitete seine Schwingen aus, und im nächsten Moment glitt er, auf schnurgerader Linie dem Flusslauf folgend, durch die Morgenluft, immer dicht über dem Wasser, wahrscheinlich auf der Suche nach einer Forelle fürs Frühstück.

Spontan sprach ich einen mir völlig unbekannten jungen Mann an, der die Szene mitbekommen hatte: »Wissen Sie, was ich mir gerade wünsche? Ich möchte ein Graureiher sein. Frei wie ein Vogel ... einfach die Flügel ausbreiten ... keiner könnte mich aufhalten.« In meinem Kopf hatte, während ich laut über meine Sehnsucht nachdachte, längst Lenny Kravitz das Kommando übernommen. Ich hörte das Eingangsriff, das Schlagzeug, die Stimme, den ganzen unverschämt manischen Song, der im Grunde nichts als ein einziger Schrei nach Freiheit ist: »I want to get away – I wanna fly away – Yeah yeah yeah«,[42] wobei sich der Refrain ständig selbst überholt.

Im offiziellen Musikvideo[43] siehst du keine Graureiher oder Libellen, keine Seen und Bäume, du hast nicht das Gefühl von Freiheit. In diesem Nachtclub geht es vor allem freizügig zu. Aber wer braucht zu einer solchen Musik einen nachgestellten Film? Als ich den Kravitz-Hit zum ersten Mal hörte, steckte ich fest in einem Autobahnstau zwischen Frankenthal und Viernheimer Dreieck; es war ein heißer Freitagnachmittag im Sommer, ich saß allein in meinem Wagen, hatte eine Freelancer-Arbeitswoche hinter mir und ein freies Wochenende vor mir. Ich hörte diesen Song, den ich vorher noch nie gehört hatte, ich schrie zusammen mit Lenny immer wieder dieselben wenigen Worte laut hinaus, und es hörte nicht auf. Mein Kopf wurde frei, und irgendwann merkte ich, der Stau hatte sich aufgelöst.

## Der Wert der Freiheit für jeden Menschen

Wer die Freiheit liebt, fühlt sich nicht wohl, wenn sie eingeschränkt wird – durch den Staat, den Chef oder wen auch immer. In einer solchen Situation beginnt in meinem Kopf sofort die Suche nach einem Ausweg, nach einer Möglichkeit, die Schranken zu überwinden. Lange vor Lenny Kravitz haben Simon & Garfunkel darüber ein Lied geschrieben. In *El Condor Pasa* heißt es gleich in der ersten Zeile: »Lieber ein Spatz als eine Schnecke sein.«

Etwas anders ist es bei einem Menschen, dem klare Regeln und gesicherte Verhältnisse wichtig sind. Im privaten Leben bevorzugt er meist feste Bindungen – in einer Zweierbeziehung oder einer Familie. Beruflich wird er eine Festanstellung anstreben, im Staatsdienst oder in einem großen Unternehmen. Die Redewendung »frei wie ein Vogel« klingt für ihn schon stark nach »vogelfrei« und löst eher Ängste aus. Und als Schnecke lässt es sich durchaus leben; es geht nicht so schnell voran, aber man behält stets die Übersicht und ist meist sicher vor Überraschungen. Zur Not zieht man sich einfach in sein Schneckenhaus zurück.

Was würde Perikles dazu sagen – der Mann, dem die Freiheit so wichtig war? Im 5. Jahrhundert v. Chr. stand er in Athen an der Spitze eines mächtigen Staatswesens, das den Namen *attische Demokratie* trug, allerdings den einen oder anderen Schönheitsfehler hatte, zumindest aus heutiger Sicht. Die Bevölkerung bestand zu einem großen Teil aus Sklaven, und nicht anders als sie hatten auch die Frauen keine politischen Rechte. Somit wäre Perikles nie auf den Gedanken gekommen, sich für die Freiheit und Gleichberechtigung aller Einwohner einzusetzen. Für ihn waren weder der Spatz noch die Schnecke samt Schneckenhaus eine Option. Perikles war ein Adler.

Bevor wir jedoch allzu schnell über diesen Menschen urteilen, sollten wir uns vor Augen führen: Zwischen dem Zeitalter, das nach Perikles benannt wurde, und der Abschaffung der Sklaverei in Nordamerika unter Abraham Lincoln liegen mehr als zweitausend Jahre. Und selbst nach Lincoln hat es immer wieder entsetzliche Auswüchse von Barbarei und Unterdrückung gegeben, bis auf den heutigen Tag. Wer also über Freiheit reden will, darf über Gerechtigkeit nicht schweigen – über Selbstbestimmung und Gleichberechtigung, über Freizügigkeit, Meinungs- und Pressefreiheit, Menschenrechte und Menschenwürde.

**Wer über Freiheit reden will, darf über Gerechtigkeit nicht schweigen.**

Der Wert der Freiheit für jeden Menschen ist Gegenstand einer Anekdote, die uns von Ernst Reuter, dem damaligen Oberbürgermeister von Berlin, überliefert ist. Sie spielt in der Zeit der sogenannten Berlin-Blockade kurz nach dem Zweiten Weltkrieg, als der westliche Teil der Stadt eine Enklave der Westmächte – USA, Frankreich und Großbritannien – innerhalb der sowjetischen Besatzungszone war. West-Berlin konnte zur Zeit der Blockade vom Westen aus nicht mehr über die Land- und Wasserverbindungen versorgt werden, sondern nur noch durch die *Berliner Luftbrücke*. Das damalige Ziel der Machthaber in Moskau war es, ganz Berlin zu einem Teil der östlichen Hemisphäre zu machen. Reuter sprach, als sich der Kampf um die Stadt Berlin zuspitzte, täglich zu den hungernden und frierenden Menschen über die Notwendigkeit, sich für die Freiheit einzusetzen:

> *»Von der Freiheit kann der Mensch nicht leben«, hielt ihm ein Zwischenrufer vor. »Der Fisch lebt auch*

*nicht vom Wasser«, rief Reuter zurück, »aber er lebt im Wasser. Der Mensch lebt nicht von der Freiheit, aber er kann nur in Freiheit leben!«*[44]

Die Freiheit, das war Ernst Reuters Botschaft, ist ein Lebenselixier. Jeder von uns muss sich entscheiden: Will ich ein Spatz oder eine Schnecke sein, ein Adler oder ein Goldhamster, Wildpferd oder Ackergaul? Dabei gibt es tausend Möglichkeiten, sich zu irren und zu scheitern. Und tausend und eine Möglichkeit, am Ende den richtigen Weg für sich zu finden – auch durch das Lernen aus Irrtümern. Der Dirigent Karl Böhm hat das auf elegant-lässige Art beschrieben: »Glücklichsein ist ein Maßanzug. Unglückliche Menschen sind jene, die den Maßanzug eines anderen tragen wollen.«

## Die Kunst des Nicht-Tuns

Jeder von uns, ob Bürgermeisterin oder Bettler, hat eine ganz persönliche und individuelle Entscheidungsfreiheit. Sie ist unter allen Formen von Freiheit sicher eine der wertvollsten; wir sollten sie nicht leichtfertig aus der Hand geben. Und zu den wichtigsten und nachhaltigsten Entscheidungen im Leben gehören die, bei denen man sich entschließt, etwas *nicht* zu tun. Einfach, weil man eingesehen hat: Das passt nicht zu mir; wenn ich es täte, würde ich den Maßanzug eines anderen tragen.

Schon im ersten Kapitel, als es um die Zukunft unseres Planeten ging, war vom Nicht-Tun die Rede. Ein schlichtes Beispiel hierfür ist der Entschluss, für den Rest seines Lebens auf das Essen von Fleisch oder auf überflüssige Auto- und Flugreisen zu verzichten, um die Umwelt zu schonen und die eigene Gesundheit zu fördern.

Eine ganz andere, nicht weniger folgenreiche Entscheidung könnte sein: Ich mache Schluss mit diesem Projekt, dieser Beziehung, diesem Job oder diesem Studium – es ist eine Nummer zu groß für mich, es wird mich am Ende nicht glücklich machen.

Bei solch kniffligen Überlegungen können uns die Montaigne-Worte »Sinnen auf den Tod ist Sinnen auf Freiheit« auf die Sprünge helfen. Indem du dir bewusst machst, dass du sterblich bist, wird dir klar: Du hast nur dieses eine Leben, für das du allein die Verantwortung trägst, niemand anders. Mach dich also nicht zur Marionette deiner eigenen Verstiegenheit. Mach dich nicht unglücklich. Schlag einen anderen Weg ein als der »große« Achill und all die anderen Halbgötter in Weiß, in Gold oder Himmelblau.

## How much, Darling? Die Charakterfrage

Ebenso gefährlich wie Hybris und Selbstüberschätzung ist das Kleinmütige, der Rückzug in die Idylle. Wenn es zur großen Katastrophe kommt, ist es schnell vorbei mit dem kleinen Glück. Jeder Einzelne muss sich dann die Frage gefallen lassen: Was war dein Beitrag zur Katastrophe? Was hast du getan, um sie zu verhindern? Es wird nicht reichen, zu sagen: Ich bin nicht Perikles, Abraham Lincoln oder Sophie Scholl.

In einem Artikel zum hundertsten Todestag des Soziologen Max Weber heißt es: »… liegt der ›Adel unserer Natur‹ –

ein Weberscher Zentralbegriff – in der Fähigkeit, sich nicht zu verkaufen, zu verbiegen und zu unterwerfen, standhaft und aufrecht zu bleiben auch unter schwierigen Bedingungen – und frei zu sein.«[45]

Bemerkenswert ist hierbei, welches Kriterium an erster Stelle genannt wird: die Fähigkeit, sich nicht zu verkaufen. Sofort fallen uns prominente Beispiele für Käuflichkeit ein – Abgeordnete, Minister und ehemalige Regierungschefs, die schon bald nach ihrem Abschied von der großen Bühne ins Hinterzimmer wechseln, um gegen »gutes« Geld Lobby-Dienste für alte Freunde zu verrichten.

**Die Fähigkeit, sich nicht zu verkaufen**

Aber man muss nicht prominent sein, um als Kaufobjekt in Frage zu kommen. Dazu reicht ein unterentwickeltes Scham- und Selbstwertgefühl mit einem Schuss Unterwürfigkeit. Hilfreich sind außerdem nützliche Kenntnisse, ebenso ein attraktives oder auch monströses Äußeres – das kann man täglich in den gängigen Trash-Videos und Fernsehformaten sehen, muss man aber nicht.

Von Mark Twain wird berichtet, dass er – schon im reiferen Alter, erfolgreich und wohlhabend – einmal bei einem Diner neben einer bildhübschen jungen Frau saß. Er fragte sie rundheraus: »Würden Sie für eine Million Dollar mit mir schlafen?« Nach kurzem Zögern kam die Antwort: »Warum nicht?« Darauf Twain: »Würden Sie es auch für zehn Dollar tun?« Voller Entrüstung erwiderte die Dame: »Für wen halten Sie mich?« »Das«, sagte der alte Herr ungerührt, »haben wir bereits geklärt. Es geht nur noch um den Preis.«

## Wie frei ist ein Freiheitskämpfer?

Leben und Werk von Max Weber wurden stark geprägt durch die Schriften zweier Menschen: Karl Marx und Friedrich Nietzsche. Alle drei haben sich intensiv mit dem Freiheitsbegriff auseinandergesetzt, aber Weber hat es eine Nummer kleiner gemacht als die beiden anderen. Sein Ziel war weder die Weltrevolution noch das Erschaffen eines Übermenschen. Ihm ging es schlicht um die Frage: Wie kann ich in der modernen kapitalistischen Welt ein selbstbestimmtes Leben führen?

Wie kaum ein anderer hat Weber erkannt: Ehe du anfängst, für die Befreiung der Menschheit zu kämpfen, nimm dir zuerst einmal vor, dich selbst zu befreien. Andernfalls wirst du deinen Mitmenschen womöglich mehr Unheil als Zufriedenheit und Glück bringen. Die Schwierigkeit besteht darin, eine Balance zu finden zwischen

- Selbstverwirklichung und Gemeinwohl, das heißt meiner eigenen Freiheit und der Freiheit der anderen[46]
- Descartes und Konfuzius, also westlichem und östlichem Denken.

Manche Freiheitskämpferinnen und Freiheitskämpfer waren vermutlich viel unfreier und fremdbestimmter als ihnen das selbst bewusst war. Ich denke hierbei an Menschen wie Lenin, Mao oder Fidel Castro. Sie waren gefangen in ihrer eigenen Geltungssucht und Gefühlskälte, ihrer Anmaßung und ihrem Machthunger.

## Ein bisschen verrückt ist herzerfrischend

Auch Wilhard Becker und Ulrich Schaffer ermuntern uns in ihrer Schrift *Ich will das Haus meines Lebens bewohnen* dazu, im Kampf um die Freiheit bei uns selbst zu beginnen:

> *Es gibt viele Geister und Kräfte, die wie Hausbesetzer einen Menschen erfüllen (...) Solche Mächte können Ideen sein, faszinierende Idole oder auch Ängste und Sorgen, die den Menschen völlig in Beschlag nehmen (...) In jedem existiert eine Sehnsucht nach seinem Eigensten – nach dem, was ihm ganz entspricht. Wir sind jedoch oft fremdbesetzt durch fixe Gedanken darüber, was andere von uns denken.*[47]

Sich von diesen Hausbesetzern in seinem Innenleben zu befreien, ist womöglich eine größere Herausforderung als das Kämpfen um Freiheitsrechte auf höchster politischer Ebene. Gerade das zu häufige Grübeln darüber, was andere von uns denken, wird oft zu einer pausenlos wirkenden Spaßbremse, die wir selbst in unserem Hinterstübchen installiert haben.

Auch das gehört also zu einem glücklichen Leben: sich ab und zu die Freiheit nehmen, etwas zu machen, das andere – der Vater, die Tochter, die Freundin oder der Steuerberater – für aberwitzig halten. So sah es auch vor etwa fünfhundert Jahren Erasmus von Rotterdam, einer der großen Vordenker und Vorkämpfer des Humanismus:

> *Die höchste Form des Glücks ist ein Leben*
> *mit einem gewissen Grad an Verrücktheit.*

Unkonventionelle Ideen zu entwickeln und sie auch gegen den Widerstand anderer in die Tat umzusetzen, das erfordert Courage, aber auf lange Sicht führt das eher zu Zufriedenheit und zu Glücksmomenten im Leben als die ständige Sorge, sich beim Aus-der-Reihe-Tanzen ein paar Blessuren einzuhandeln.

Nicht übersehen sollten wir jedoch die vier Wörter »mit einem gewissen Grad«. Andernfalls laufen wir Gefahr, unsere Verrücktheit zu übertreiben; wir verlieren die Balance und werden zu Traumtänzern oder Hasardeuren – ein Thema, dem wir uns nun zuwenden werden.

# Schritt 3: Mut

Anfang der Sechzigerjahre, kurz bevor die Beatles und die Rolling Stones mit ihrer Musik und ihren Texten einen Tsunami in der Welt der populären Musik auslösten, landete die schwedische Sängerin Anita Lindblom in Deutschland noch einmal einen großen Erfolg mit einem Schlager der herkömmlichen Art.

Der Titel *Ein bisschen Mut* klingt zunächst schlicht, aber gleich in der ersten Strophe wird mächtig auf die Tube gedrückt:

*Wer niemals auf der Autobahn mit 180 fährt*
*Wer nie als Schwimmer den Kanal im Winter überquert*
*(…)*
*der ist für mich, so leid mir's tut, niemals der rechte Mann!*[48]

Spätestens beim Refrain »Ein bisschen Mut, ein bisschen Mut, ja, meine Herren, das wäre gut« wird deutlich: Hier geht es um eine Stellenausschreibung mit klar umrissenem Anforderungsprofil. Es kommen ausschließlich Männer für den Job infrage, und zwar »richtige« Männer. Spießbürger mit einer Vorliebe für Gürtel-Hosenträger-Methoden sollten sich also gar nicht erst bewerben.

Natürlich darf man bei diesem Schlagertext nicht jedes Wort auf die Goldwaage legen. Schon beim Lesen spürt man das Augenzwinkern, und wer sich das Video von einem TV-Auftritt der Sängerin im Jahr 1962 anschaut, der sieht es auch.

Nichtsdestotrotz stellt sich die Frage: Geht es in diesem Lied überhaupt um Mut? Ist es mutig, im Winter durch das eiskalte Wasser des Ärmelkanals zu kraulen oder mit 180 Stundenkilometern über die Autobahn zu brettern? Oder ist es nur dumm, verrückt, vielleicht auch ein Zeichen von Minderwertigkeitsgefühlen?

Wir sollten nicht so tun, als sei das alles nur Schnee von gestern. Die alten Rollenbilder von Mann und Frau sind in vielen Köpfen immer noch quicklebendig, auch in Frauenköpfen. Gerade in den letzten Jahren wird immer häufiger von illegalen Autorennen, vom Klippenspringen und Basejumping berichtet. Allein bei diesem Objektspringen sind mittlerweile fast vierhundert Menschen tödlich verunglückt. Wir können vermuten, dass die meisten Todesopfer jung und männlichen Geschlechts waren.

## Der Feigling, der Hasardeur und die richtige Mitte

Die Frage ist: Wenn sich jemand ohne zwingenden Grund solchen *Mutproben* unterzieht, ist er dann ein mutiger Mensch? Dass wir es hier nicht mit Feiglingen zu tun haben, liegt auf der Hand, aber sollten wir statt von *Mutproben* nicht besser von *Draufgänger-Tests* sprechen? Könnte es nicht sein, dass sich unter den Testteilnehmern viele Hasardeure, Angeber und einige Lebensmüde befinden? Und, bitte nicht vergessen: Das vorliegende Buch ist keine *Anleitung zum Unglücklichsein*,[49] den Job hat Paul Watzlawick bereits auf brillante Art erledigt. Es geht um das glückliche, das gelingende Leben, und der Mut ist nur einer von sechs Schritten auf diesem Weg.

Halten wir also fest: Wenn junge Männer – es sind in der Tat selten alte Frauen – auf dem Boulevard einer Großstadt mit Formel-1-Beschleunigung um die Wette rasen, setzen sie außer ihrem eigenen Leben immer auch das von anderen Menschen aufs Spiel. Und jede sachkundige Richterin wird entscheiden, das ist keine Selbstverwirklichung, das ist nicht mutig, das ist kriminell.

Wer eine einleuchtende Beschreibung von Mut sucht, dem sei Aristoteles empfohlen. Er hat die Charaktertugenden, also die moralisch vorbildlichen Eigenschaften eines Menschen, als die »richtige Mitte« zwischen Übermaß und Mangel, zwischen einem Zuviel und einem Zuwenig definiert. So ist *Großzügigkeit* für ihn die richtige Mitte zwischen *Verschwendungssucht* und *Geiz*. Und den *Mut* sieht er genau zwischen den beiden Extremen *Tollkühnheit* und *Feigheit*.

Mut und Tapferkeit sind – anders als Draufgängertum – niemals Selbstbespiegelung oder Selbstzweck. Mut ist ein Vektor. Ein Pfeil, der in eine ganz bestimmte Richtung zeigt. Wer mutig ist, verfolgt ein Ziel.

## Vom Mut, authentisch zu sein

Wenn du ein klares und einzigartiges Ziel vor Augen hast und, um dieses Ziel zu erreichen, einen Plan erstellst, mit Limits bezüglich Zeit und Geld, dann hast du ein *Projekt*. Einzigartig, das bedeutet, niemand vor dir hat das, was du dir vornimmst – ein Haus bauen, einen Film drehen, ein Studium mit Erfolg abschließen – schon auf dieselbe Weise mit demselben Ergebnis geschafft. Du bist also sehr mutig.

Leider ist nicht jedes Projektziel ein löbliches oder sogar edles; simple Beispiele hierfür sind ein Krieg oder ein Banküberfall. Letzteres wurde in meinen Projektmanagement-Workshops oft gewählt, wenn ich darum bat, übungshalber ein Projekt mit selbstgewähltem Gegenstand in Arbeitsgruppen durchzuspielen. Die Motivation war in den Panzerknacker-Teams erstaunlich hoch, doch auch der beste Plan konnte am Ende nicht in die Tat umgesetzt werden – leider, wie manchmal gefeixt wurde.

Weniger amüsant geht es bei geschäftlichen und privaten Feldzügen zu, in denen viel Geld und Energie eingesetzt wird, um andere zu schädigen oder gar zu vernichten. Triebfedern sind – wie schon beim Kampf um Troja – Habgier, Neid, Eifersucht, Rache. Was der Aggressor dabei mehr und mehr aus den Augen verliert, ist sein eigenes Wohlergehen.

Er ist so fixiert auf die Demütigung seines Opfers, dass er sich zum Gefangenen seines eigenen Hasses macht – ein weiterer Beleg dafür, dass Mut nicht automatisch zu einem freien und glücklichen Leben führt.

Es gibt einen weiteren Aspekt, den ich für wichtig halte. Jedes Projekt ist für die beteiligten Akteure eine Art Neuanfang. Du bewegst dich auf nicht kartiertem Gelände, du musst während des laufenden Verfahrens völlig neue Probleme lösen. Die dazu notwendigen Werkzeuge und Methoden gibt es oft noch gar nicht, das heißt, du musst sie mit deinem Team erst entwickeln, bevor es weitergeht. Also wirst du ein immer besserer Problemlöser. Du lernst und wächst innerlich mit dem Projektfortschritt, dein Wissen und dein Selbstvertrauen nehmen mit dem Erreichen jedes Meilensteins zu, selbst wenn das Unternehmen am Ende scheitert.

Aber die wichtigsten Entscheidungen sind vor Beginn des Vorhabens zu fällen: Ist das Projekt überhaupt machbar? Ist es *dein* Ding? Oder machst du es nur aus Renommiersucht, aus Verlegenheit oder weil du nicht den Mut hattest, Nein zu sagen? Wurden die richtigen Leute ins Projektteam geholt? Bist *du selbst* die oder der Richtige für dieses Wagnis? Entspricht die Aufgabenstellung deiner Wesensart, deinen Neigungen und Fähigkeiten – kurz, passt das Projekt zu dir?

**Passt das Projekt zu dir?**

Wer bei einer solchen Weichenstellung vor dem Start eines Projekts falsch entscheidet und seinen Entschluss auch nicht beizeiten korrigiert, der hat den persönlichen Misserfolg vorprogrammiert. Oft gelingt das Projekt, aber das Individuum scheitert.

Die Menschen gehen auf sehr unterschiedliche Weise mit den Chancen und Risiken um, die ihnen im Leben und speziell bei ihren Projekten begegnen. Es gibt die Vorsichtigen und die Kühnen, die Idealistinnen und die Pragmatikerinnen. Wer nach ein wenig Orientierung in diesem Psycho-Dschungel sucht, findet sie in meinem Buch *Projektherz*, in dem *vier Projektarchetypen* vorgestellt werden.[50]

Die Bezeichnung »Archetyp« macht schon deutlich, dass es hier um eine vereinfachende Darstellung geht, die im realen Leben aber durchaus hilfreich sein kann.

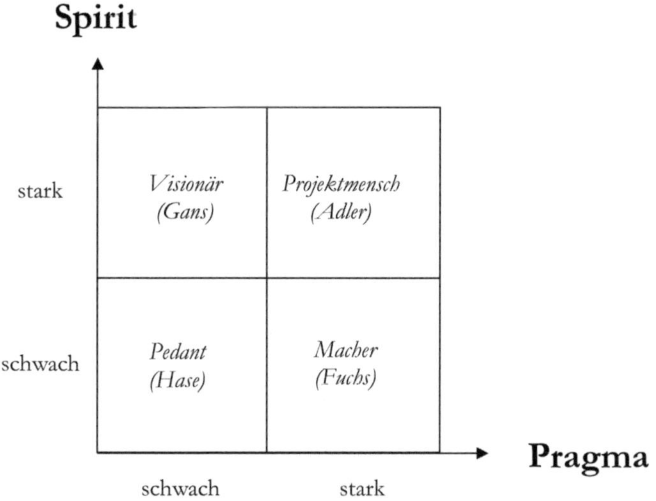


*Die vier Projektarchetypen*

Die vier Archetypen unterscheiden sich entlang der Eigenschaften *Spirit* und *Pragma*. Der letztere Begriff steht im Altgriechischen für Handeln, Tat, Unternehmen. Anders als beispielsweise »Magma« wurde er leider nicht original ins Deutsche übernommen; nichtsdestotrotz habe ich das prägnante »Pragma« dem vielsilbigen »Pragmatismus« vorgezogen.

Es geht also einerseits um die Begeisterungsfähigkeit, andererseits um den Sinn fürs Praktische und die Fähigkeit, entschlossen zuzupacken. Aus den Kombinationen von Spirit/Pragma sowie schwach/stark ergibt sich eine Vierfelder-Tafel, in der oben rechts der Projektmensch erscheint. Bei ihm sind Spirit und Pragma gleichermaßen stark ausgeprägt – eine Fähigkeit, die ich als *Projektintelligenz*[51] bezeichne.

Eine Ausgabe des *Philosophie Magazins* war kürzlich einer der vier großen Fragen gewidmet, die Immanuel Kant uns an die Tafel geschrieben hat: »Was darf ich hoffen?«[52] Im Dossier wurde ein Selbsttest angeboten – ein Katalog von achtzehn Fragen, durch deren Beantwortung man herausfinden kann, wie es mit der eigenen Einstellung zur Hoffnungsfrage ausschaut: Erstens, bin ich eher ein emotionaler oder ein rationaler Typ? Zweitens, lenke ich meinen Blick eher auf das Wahrscheinliche oder auf das Unwahrscheinliche? Auch im Rahmen dieses Selbsttests werden am Ende vier Typen präsentiert, die stark an die Projektarchetypen erinnern: Stochastiker, Traumtänzer, Optimist und Anführer. Es wird also ein klarer Trennungsstrich zwischen Traumtänzerei und Optimismus gezogen – ein Punkt, mit dem wir uns bereits im vierten Kapitel beschäftigt haben.

Bei all diesen Überlegungen – ob es nun um Selbsteinschätzung oder um den Umgang mit anderen Menschen geht – sollten wir uns immer wieder bewusst machen: Den hundertprozentigen Optimisten oder die typische Pedantin gibt es nicht. Jeder von uns stellt in seinem Wesen eine ganz spezielle Mischung aus unterschiedlichen Persönlichkeitsmerkmalen dar. Und diese Mischung lässt sich verändern und entwickeln! Allerdings nicht beliebig stark oder in eine beliebige Richtung, ohne dass es dabei zu »Kollateralschäden« kommt.

Wenn du glücklich werden willst, lass dich nicht von anderen verbiegen. Und tue dir selbst, deinem Charakter, nicht Gewalt an. Bleib authentisch! Gerade das erfordert Mut. Wenn du eher ein Fuchs bist, versuch nicht, die Gans zu spielen. Finde deine Vorzüge und Stärken. Mach einen Selbsttest, eine Potenzialanalyse. Halte Ausschau nach inspirierenden Büchern und guten Coachs. Fang an, probier's aus, ohne Stress. Mach ein Pilotprojekt.

## Die richtige Mitte finden

In dem Märchen von der chinesischen Prinzessin Turandot wird von einem jungen, verwegenen Mann namens Kalaf berichtet, der es sich in den Kopf gesetzt hat, das Herz der Prinzessin zu erobern. Es gibt allerdings ein kleines Problem: Jeder Freier muss drei Rätsel lösen, bevor er Turandots Jawort erhält; wer es nicht schafft, wird enthauptet. Und so erging es allen bisherigen Bewerbern. Dennoch lässt Kalaf sich nicht von seinem Ziel abbringen, und am Ende erreicht er es.

Giacomo Puccini hat aus diesem schaurigen Stoff eine Oper geformt, die bis auf den heutigen Tag die Menschen fasziniert. *Nessun dorma*, die Arie des Königssohns Kalaf, ist inzwischen zu einem echten Popsong geworden – durch Sänger wie Luciano Pavarotti, Jonas Kaufmann oder auch Paul

Potts, der mit diesem Lied in einer britischen Castingshow siegte.

Und genau darum, ums Siegen geht es in der besagten Arie. Nun könnte man einwenden, der Held der Turandot-Geschichte lege nicht Mut an den Tag, sondern Tollkühnheit, also das, wovor Aristoteles uns warnt. Der Einwand klingt plausibel, denn der Prinz setzt tatsächlich sein Leben aufs Spiel; niemand zwingt ihn dazu, so hoch zu pokern. Und nun tue ich das, was ich gern anderen rate, ich halte dagegen. Was ist Kalafs Motiv? Geltungssucht? Selbstverliebtheit? Ganz im Gegenteil, er liebt die Prinzessin!

Nein, dieser Kalaf ist kein Hasardeur, kein Abenteurer. Er ist mit sich im Reinen. Für ihn ist dieses Wagnis die richtige Mitte, die Liebe zu Turandot ist der Sinn seines Lebens. Nichtverliebte mögen das anders beurteilen; Friedrich Nietzsche zum Beispiel, der einmal gesagt hat: »Mitunter genügt schon eine stärkere Brille, um den Verliebten zu heilen.« Und wer widerspricht dem Zyniker Nietzsche? Ganz richtig, Erasmus von Rotterdam, der uns im Kapitel »Freiheit« begegnet ist – der Mann, der einen gewissen Grad an Verrücktheit als Voraussetzung für ein glückliches Leben betrachtet hat.

## Frisch gewagt ...

Es bleibt dabei, Mut ist ein Vektor. Der Mutige hat ein klares Ziel; sei es der Drang, seine Höhenangst zu überwinden oder sei es das Bestreben, sich für andere einzusetzen – der Mut zur guten Tat.

Wer nicht nur Ideen oder taktische Finessen auf Lager hat, sondern ein echtes Projekt, für das sein Herz schlägt, der setzt ungeahnte Kräfte frei, um dieses Projekt zu vollenden. Nimm Hildegard von Bingen oder Martin Luther King, nimm Mahatma Gandhi oder Willy Brandt, dann hast du ein Beispiel für das, was Spirit bewirken kann.

Freuen wir uns über das Leben und Wirken dieser Wildgänse und Adler, denn gerade in Zeiten der Not merken wir, es gibt viel zu viele Meerschweinchen und Schnecken in Politik, Kultur und Gesellschaft.

Halten wir noch einmal fest, eines der häufigsten Motive für entschlossenes Handeln ist der Wille, sich zu befreien – von Unterdrückung, Armut, Langeweile oder von seinem Ego. Genau das hat Perikles uns auf den Weg gegeben, es sind die ersten drei Schritte zum gelingenden Leben: Glück ist nur möglich in Freiheit, und die bekommt man nicht ohne Courage. Man braucht Mut, um

- freundlich, aber unmissverständlich Nein zu sagen,
- sich vom Mainstream abzusetzen,
- dagegen zu halten, wenn alle anderen einer Meinung sind,
- sich auf die Seite einer Minderheit zu schlagen,
- gegen die »Hausbesetzer« im eigenen Bewusstsein zu kämpfen,
- sich von alten Gewohnheiten, Umgebungen und Vorurteilen zu trennen[53] und
- sein eigenes Denken und Handeln grundlegend zu ändern.

Das deutsche Fernsehspiel *Die zwölf Geschworenen* aus dem Jahr 1963 mit Siegfried Lowitz und Mario Adorf ist die Geschichte eines unerschrockenen Architekten, der als einziger in einer zwölfköpfigen Gerichts-Jury den Mut hat, die Schuld des mutmaßlichen Mörders in Zweifel zu ziehen.[54] In der Rolle des Architekten sieht man Robert Graf, in der amerikanischen Originalfassung ist es Henry Fonda.

Dieser Mann stellt sich gegen die Klischees in den Köpfen der anderen, gegen Rassismus, Antisemitismus und die Arroganz der Etablierten gegenüber der Unterschicht. Mit Beharrlichkeit und besonnen vorgetragenen Argumenten gelingt es ihm, die anderen elf Geschworenen umzustimmen. Am Ende lautet das einstimmige Urteil der Jury: nicht schuldig.

***

Wie könnte man die oben aufgelisteten sieben Punkte in wenigen Worten zusammenfassen? Die Antwort ist: *Mut zur Veränderung*. Wie ein roter Faden zieht sich diese Fähigkeit, das eigene Leben umzugestalten, durch unseren Kompaktkurs zum Glück.

**Mut zur Veränderung**

Wer nach Zufriedenheit und einem erfüllten Leben strebt, sollte offen, lernfähig und unternehmungslustig sein. Er sollte sich verabschieden von Selbstgefälligkeit, Starrheit und Misstrauen. Die Welt ist bunt, der Ball ist rund. Und nun legen wir zuerst einmal eine kleine Pause ein.

# Intermezzo auf dem Trampolin

Es ist höchste Zeit, dich, liebe Leserin, lieber Leser, an dieser Stelle ein bisschen zu beruhigen und aufzumuntern. Sicher hast du dich schon gefragt: Wie soll ich das Woche für Woche schaffen, immer wieder diese sechs Stufen hinaufzuklettern, von der Ruhe bis zum Glück? Ist das nicht ein langer, mühsamer Prozess – mit der ständigen Gefahr, zurückzufallen? Denn genau dann, wenn man zum Beispiel großes Mitgefühl für jemanden empfindet, ist es oft vorbei mit der Ruhe.

Nun, es gibt eine Art Abkürzung, eine Achtsamkeitsübung, durch die man in kurzer Zeit entspannter und zufriedener wird. Thich Nhat Hanh beschreibt es mit einfachen Worten:

> *Achtsames Einatmen und Ausatmen ist eine Praxis der Freiheit. Wenn wir uns auf unseren Atem konzentrieren, lassen wir alles andere los, auch unsere*

> *Sorgen und Ängste im Hinblick auf die Zukunft und unser Bedauern und unseren Kummer über die Vergangenheit (...) Wir können das den ganzen Tag lang tun (...) Es kostet nur wenige Sekunden, einzuatmen und frei zu sein. (...) Es gibt nichts Kostbareres als die Freiheit. Sie ist die Grundlage des Glücks, und sie ist uns bei jedem bewussten Atemzug verfügbar.* [55]

Wenn wir diesen kurzen Text aufmerksam lesen, finden wir die Gedanken von Perikles fast wörtlich wieder. Natürlich müssen wir zuallererst den *Mut* aufbringen, trotz der Hektik um uns herum in *Ruhe* ein- und auszuatmen, wobei wir wirklich unsere volle Aufmerksamkeit auf unseren Atem richten. Wenn uns das gelingt, kann alles sehr leicht und schnell gehen. Aus der Treppe mit den sechs Stufen wird ein Trampolin.

Vielleicht hast du bisher keine oder nur wenig Erfahrung mit Achtsamkeitsübungen. Aber was spricht dagegen, dass du dir noch heute oder am kommenden Wochenende eine kleine Auszeit vom Alltag nimmst und es einmal ausprobierst? Für Anfänger und Fortgeschrittene gibt es verschiedene Bücher und Audio-CDs,[56] die für das Meditieren hilfreich sind. Entscheidend ist, dass wir Freude daran finden, zu praktizieren. Wir sollten also entspannt an die Sache herangehen, ohne überzogene Erwartungen. Was kann schon passieren, was soll schiefgehen?

Du lässt den Gedanken an Erleuchtung und alle anderen Gedanken vorüberziehen wie Wolken unter dem blauen Himmel. Du freust dich einfach, bequem und in Ruhe dazusitzen. Diese Auszeit ist ein Geschenk an dich selbst. Du atmest tief und ruhig ein, wobei du lautlos das Wort »Ruhe«

sprichst; dann atmest du ebenso achtsam aus und verbindest dies mit dem Wort »Glück«. Wenn du merkst, dass für dich Freude an dieser Stelle noch besser passt als Glück, dann nimm die Freude. Und du wiederholst das Ganze. Mit zwei, drei Atemzügen hebst du dein Bewusstsein auf eine Ebene, wo alles eins ist – Ruhe und Mitgefühl, Klarheit und Mut, Freiheit und Glück. Das Sechseck wird zum Punkt.

**Das Sechseck wird zum Punkt.**

Wenn du diese Trampolin-Übung zu einem festen Bestandteil deiner täglichen Meditation – zu Hause, an deinem Lieblingsplatz – gemacht hast, wird sie dir irgendwann auch in anderer Umgebung gelingen, selbst in Stresssituationen.

***

Da ich zu Beginn unseres Zwischenspiels nicht nur Beruhigung, sondern auch Aufmunterung versprochen habe, gibt es jetzt noch eine kleine Fußnote; darin geht es um das Thema Glück und um die Frage: Muss ich unbedingt ein Gläubiger sein, um ins Himmelreich zu gelangen?

> *Der Physiker und Nobelpreisträger Niels Bohr war bekannt für seine Schlagfertigkeit. Eines Tages bekam er Besuch von einem Kollegen. Dieser bemerkte, dass über dem Eingang zum Haus ein Hufeisen hing. Der Besucher war erstaunt und fragte: »Sie, Herr Professor Bohr, und ein Hufeisen. Glauben Sie etwa im Ernst daran?« Bohr soll geantwortet haben: »Selbstverständlich nicht. Aber es soll auch dann helfen, wenn man nicht daran glaubt!«* [57]

# Schritt 4: Mitgefühl

Wir kommen nun, nach dem kleinen Intermezzo, zur zweiten Perlenkette, durch die unser Glückssextett erst vollständig wird: Mitgefühl-Klarheit-Ruhe.

Ein kurzer Blick zurück, auf den Mut und die Freiheit, lässt uns zweierlei erkennen: Erstens stand bei diesen Begriffen nicht das Miteinander, sondern der einzelne Mensch im Vordergrund. Schon beim Nachdenken über die Freiheit kamen wir aber zu dem Schluss: Stets gilt es, Selbstverwirklichung und Gemeinwohl ins Gleichgewicht zu bringen – mein eigenes Bedürfnis nach Freiheit und das der anderen. Eine Aufgabe, die uns ein Leben lang begleitet.

Damit sind wir beim zweiten Punkt: Es geht in diesem Buch selten um Schnappschüsse von Situationen, wie sie einmal waren, jetzt sind oder irgendwann sein werden. Unser Thema ist der Lernprozess – das Video, das die Entwicklung von A über B nach C aufzeigt. Und das C steht jeweils für ein Lernziel, das erreicht werden soll, vom Individuum oder von einer lernenden Organisation – von Familien, Firmen, Staaten oder der gesamten Menschheit. Somit betrachten wir das Glück nicht als philosophischen Begriff, sondern als Ablauf eines Projekts: Lernen, glücklich zu sein.

***

Jeder Mensch sehnt sich hin und wieder nach Mitgefühl. Besonders dann, wenn er gerade etwas Schreckliches oder sehr Trauriges erlebt hat. Nun kann es sein, dass wir in einer solchen Stunde der Verzweiflung niemanden finden, der uns zur Seite steht. Was tun?

Der Dichter Heinrich Heine – zu Lebzeiten oft verleumdet als deutscher Jude in Paris und ebenso oft unglücklich verliebt – weist uns auf eine Option hin, die wir auch in depressiven Phasen immer haben: das Achten auf uns selbst. Das, was manch einer für Selbstmitleid oder Ichbezogenheit hält, ist in Wahrheit Selbstachtung, der erste Schritt auf dem Weg aus dem dunklen Tal, zurück ins Helle, ins Leben.

Als Heine die folgenden Verse schrieb, hatte er wohl gerade eine große Enttäuschung erlebt. Indem er dichtete, machte er sich Mut; und damit jedem von uns.

*Herz, mein Herz, sei nicht beklommen*
*Und ertrage Dein Geschick.*
*Ein neuer Frühling bringt zurück,*
*Was der Winter Dir genommen.*

*Und wie viel ist Dir geblieben*
*Und wie schön ist doch die Welt*

*Und, mein Herz, was Dir gefällt,*
*alles, alles darfst Du lieben.*[58]

Allerdings, die Selbstachtung ist kein Perpetuum mobile, sie hat einen Akku, den wir hin und wieder aufladen müssen – durch die Zuwendung und Anteilnahme von anderen.

## Ein Paradies wird zur Hölle, und aus Fremden werden Freunde

In der Nacht vom 14. zum 15. Juli 2021 kam es im Tal der Ahr, eines Rhein-Nebenflusses, zu einer Flutkatastrophe, wie es sie in dieser Region seit Menschengedenken nicht gegeben hatte. Während der Schreckensnacht, die ich in anderem Zusammenhang schon erwähnte, bildeten sich in dem kleinen Fluss, in dem normalerweise Kinder ohne Gefahr planschen können, neun Meter hohe Flutwellen, durch die mehr als hundertdreißig Menschen ums Leben kamen und fast alle sechzig Brücken der Ahr zerstört wurden.

Bis zu dieser Nacht war das Ahrtal stets ein Ziel für Ausflüge und Urlaube vieler Menschen aus dem Umland gewesen. Die Städte und Dörfer mit ihren Fachwerkhäusern, Marktplätzen, Cafés und Weinstuben waren zudem ein beliebter Altersruhesitz.

In den Tagen nach der Katastrophe passierten merkwürdige Dinge auf den Straßen und Bürgersteigen, vor den überfluteten und zum Teil nicht mehr bewohnbaren Häusern, zerstörten Geschäften, Praxen, Kirchen und Kneipen. Menschen, die früher grußlos aneinander vorbei gegangen waren, nannten sich plötzlich beim Vornamen, sie halfen einander, sie aßen und tranken gemeinsam im Freien. Es entstanden neue Freundschaften, man umarmte sich, tröstete sich gegenseitig und machte sich Mut – durch praktische Tipps, durch Anpacken, Zuhören und Galgenhumor.

Aus weit entfernten Gegenden kamen freiwillige Helfer, um den Schlamm in den Kellern und Wohnungen zu beseitigen und um Geräte, Trinkwasser, Obst und warmes Essen zu verteilen. Als ob jemand auf den richtigen Knopf gedrückt hätte, ging man nun respektvoll und kameradschaftlich miteinander um. Und viele fragten sich: Warum erst jetzt? Andere – vor allem die Älteren, die noch die Jahre nach dem letzten Krieg und dann das deutsche Wirtschaftswunder in Erinnerung hatten – stellten eine andere Frage: Wie lange wird das halten?

## Die Freundlichkeits-Hemmschwelle

Skepsis ist erlaubt. Immer häufiger tauchen die Wörter *Achtsamkeit* und *Mitgefühl* in Buchtiteln und Kolumnen auf, aber mit der praktischen Umsetzung im Alltag hapert es noch ein wenig. Warum fällt es uns so schwer, Fremde und selbst Freunde oder Angehörige höflich und rücksichtsvoll zu behandeln? Von Mark Twain stammt die trockene Bemerkung: »Ehe man anfängt, seine Feinde zu lieben, sollte man seine Freunde besser behandeln.«

Weshalb schämen wir uns regelrecht, freundlich zu sein, zu verzeihen und um Verzeihung zu bitten? Ja, selbst das Annehmen einer Entschuldigung, einer netten Geste oder eines

Kompliments fällt uns bisweilen schwer – wodurch wir wiederum den »Sender« des freundlichen Signals irritieren und ihn womöglich mit unserem Virus des Missmuts und der Unhöflichkeit infizieren.

Warum wollen wir nie die Fassung verlieren, unsere geschäftsmäßig gleichgültige oder mürrische Fassade? Warum ist der Ferne Osten, das Land des Lächelns, nicht nur räumlich so weit weg von Europa und Nordamerika? Wieso findet man bei uns eine Kultur des Verbeugens und des Aneinanderlegens der Hände merkwürdig oder sogar unterwürfig?

Das war keineswegs schon immer so in Europa. Das Wort Höflichkeit hat seine Wurzeln in der höfischen Kultur, die im Mittelalter entstand und sich dann über Jahrhunderte weiterentwickelte, bis die Dinge sich irgendwann wieder in die andere Richtung bewegten – hin zum ruppigen Umgangston und zur Ellenbogengesellschaft.

Aber man begegnet – man muss nur Acht darauf geben – auch hier und jetzt Kindern, die einem fröhlich zuwinken; Frauen und Männern, die es schaffen, nicht ständig auf die Uhr oder aufs Smartphone zu schauen; die aufmerksam zuhören, wenn jemand von seiner Trauer oder seiner Enttäuschung erzählt; und man lernt Menschen kennen, die ehrenamtlich in Altenheimen und Hospizen tätig sind.

Wie siehst du dich selbst? Bist du eine gute Zuhörerin, ein guter Zuhörer? Kannst du dich gut in die Notlage anderer Menschen hineinversetzen? Willst du das überhaupt? Oder suchst du in solchen Fällen nach einer Möglichkeit, dich schnell und elegant zu verabschieden? Stellst du dich der Situation oder ergreifst du die Flucht und ziehst die Vorhänge zu?

Wie viel Mitgefühl – auf einer Skala von Null bis Zehn – findest du bei dir selbst? Und was glaubst du, wie andere dich wahrnehmen? Sprich doch heute Abend einmal deinen Freund, deine Mutter, deinen Sohn darauf an: Findest du, dass ich ein mitfühlender Mensch bin? Die Antwort wird dich vielleicht überraschen, in der einen oder auch in der anderen Richtung.

Die tiefere Ursache für das Abstumpfen von Mitgefühl und Gemeinsinn lässt sich mit einem einzigen Wort umreißen: *Entfremdung*. In den vorangehenden Kapiteln war dies bereits ein wichtiges Thema; der Mensch wird seit etwa dreihundert Jahren immer mehr an den Rand gedrängt – durch den Einsatz von Maschinen, Automaten und Algorithmen. Er verliert den Anschluss und verliert sich selbst. Milliardenfache Einzelhaft. Quer durch alle Kontinente und Kulturkreise kommunizieren viele Kinder heute mehr Stunden am Tag mit digitalen Endgeräten als mit ihren Eltern, Geschwistern und Freunden.

Wie soll jemand, der ständig Selfies von sich produziert, Mitgefühl für andere entwickeln, die ohne Pause mit ihren eigenen Selfies beschäftigt sind? Was fühlt ein Narzisst, der einer Narzisstin begegnet? Er fühlt sich gekränkt, gut, aber das ist auf die Dauer keine Lösung.

**Was fühlt ein Narzisst ...?**

Es ist eine banale Kette von Ursache und Wirkung, eine Abwärtsspirale: Indem unsere unmittelbare, sinnliche Anbindung an den Rest der Welt abstirbt, erlischt unsere Lebensaufgabe. Unsere Gefühle, unsere wahre Bestimmung, unsere Würde. Aus meiner natürlichen Ausstrahlung wird ein von anderen und mir selbst gebasteltes, digital manipuliertes

Image. Ein Style. Aus der Stammkneipe, dem Lieblingscafé wird ein virtueller Raum. Aus einem Gespräch wird ein Chat oder – noch schlimmer – ein Tweet, eine Einbahnstraße, verbunden mit der bangen Frage: Gibt das genügend Traffic, gelingt mir endlich ein Shitstorm? Werde ich reich und berühmt?

Wir machen unsere Selfies, fotografieren die Menüteller im Restaurant, schießen die Bilder hinaus in die schöne neue Plastikwelt und mutieren zu stummen Einzelwesen. Jeder hängt an seinem elektronischen Tropf in einer hermetisch abgeriegelten Intensivstation, aus der es kein Entrinnen gibt. Wer umarmt mich noch einmal? Wann?

## Eine Frage der Wahrnehmung

Erst recht haben die Menschen sich auf dramatische Weise von der Natur entfernt. Jedes Grundschulkind findet heute im Internet großartiges Lehrmaterial über Pflanzen und Tiere, aber paradoxerweise nimmt das Wissen darüber bei Kindern und Jugendlichen nicht zu, sondern ab. Sie lernen immer weniger über die Vielfalt der Lebewesen, sie verlernen, den Flug eines Bussards zu beobachten, eine reife Stachelbeere zu pflücken und zu genießen, eine Birke von einer Kiefer zu unterscheiden.

Und mit der schwindenden Wahrnehmung der natürlichen Welt verschwindet bei vielen Menschen das Bewusstsein, dazuzugehören. Zu wenige erleben sich mitgestaltend und mitverantwortlich für die Zukunft dieser Welt – eine

Entwicklung, die durch Pandemie-Maßnahmen wie Lockdown oder Videokonferenzen beschleunigt wird.

Albert Einstein hat sich schon vor siebzig Jahren Gedanken über diese Dinge gemacht:

> *Der Mensch ist ein Teil des Ganzen, das wir Universum nennen, ein in Raum und Zeit begrenzter Teil. Er erfährt sich selbst, seine Gedanken und Gefühle als abgetrennt von allem anderen – eine Art optische Täuschung des Bewusstseins. Diese Täuschung ist für uns eine Art Gefängnis (...) Unser Ziel muss es sein, uns aus diesem Gefängnis zu befreien, indem wir den Horizont unseres Mitgefühls erweitern, bis er alle lebenden Wesen und die gesamte Natur in all ihrer Schönheit umfasst.*[59]

Aus einem Gefängnis auszubrechen, ist nicht leicht. Oder weniger bildlich gesprochen, Mitgefühl erfordert Kraft. Aber umgekehrt – so sagen es uns Menschen wie Thich Nhat Hanh – *gibt* es eben auch Kraft und neuen Mut, wenn man mitfühlend ist. Und Mut, ja Tapferkeit brauchst du jeden Tag, damit du in einem Umfeld zunehmender Entfremdung und Gleichgültigkeit nicht verzweifelst und selbst immer teilnahmsloser wirst.

In den Momenten nämlich, in denen du Anteil nimmst, dich vom Leid eines anderen Menschen berühren lässt und ihm deine Unterstützung zusicherst, stärkst du ihn, und zugleich spürst du in dir selbst eine starke Verbundenheit mit deiner Umgebung. Dieses Geben und Nehmen führt dazu, dass jeder sich weniger als Einzelkämpfer und mehr als Mitglied einer Gemeinschaft sieht.

Wir sehen, der Mut gehört wie ein Bruder zum Mitgefühl. Nicht zuletzt der Mut zur Bescheidenheit. Demut.

## Auf die Meister hören

Bescheidenheit ist in dieser Zeit, in dieser Welt nicht jedermanns Sache. Für Menschen, die auf Geld und Besitz fixiert sind, ist es schwer zu begreifen, dass es für Mitgefühl, Liebe und Freundschaft keine festen Budgets gibt, die nach einer bestimmten Zeit erschöpft sind; dass ein vierfacher Vater nicht jedem seiner Kinder ein Viertel von einer fixen Gesamt-Aufmerksamkeit schenkt, während das Einzelkind nebenan den kompletten Betrag erhält.

Empathie ist kein Kuchen, den du sonntags kaufst und an deine Lieben verteilst, und montags ist nichts mehr davon übrig. Du kannst jeden Tag einen neuen Kuchen backen, nicht nur für deine Familie; auch die unfreundliche Nachbarin und der griesgrämige Chef freuen sich über ein Stück davon. Gerade notorische Miesepeter sind hinter frisch gebackenen Charme-Törtchen her wie der Teufel hinter der armen Seele. Diese Art des Backens kann man lernen, man muss dabei auch nicht Konditormeister werden. Entscheidend sind die Zutaten: Geduld, Fantasie, Humor und Großzügigkeit.

In *Zeiten des Glücks* von Anthony de Mello, dem vielseitigen Priester, Psychologen und Geschichtenerzähler, finden wir die folgende Szene:

*Ein Geschäftsmann wollte vom Meister wissen, was das Geheimnis eines erfolgreichen Lebens sei. Sagte der Meister: »Mach jeden Tag einen Menschen glücklich!« Und er fügte als nachträglichen Gedanken hinzu: »... selbst wenn dieser Mensch du selbst bist.«*[60]

Der Rat des Meisters besteht aus einem einzigen Satz mit nachgeschobenem Nebensatz. Aber diese kurze und schlichte Botschaft enthält ein Bündel philosophischer Grundideen – das, was am Ende zählt im Leben: Sei hilfsbereit und großherzig, nimm das Leben mit Humor, mach anderen eine Freude, und vergiss dabei nicht dich selbst; gönn dir immer wieder etwas Gutes. Das alles präsentiert der Meister mit einer wohldosierten Pause vor der Pointe und mit einem Augenzwinkern – weder betulich noch belehrend, schlicht meisterlich.

**Mach anderen eine Freude, und vergiss dabei nicht dich selbst.**

Dass Mitgefühl ungefähr das Gegenteil von Gefühlsduselei ist, lässt sich auch an der folgenden Sokrates-Anekdote festmachen. Sie erinnert daran, dass der große Philosoph nicht zimperlich bei seinen Gesprächen war, zugleich aber einen achtsamen Umgang der Menschen miteinander forderte. In dieser Geschichte geht es übrigens ebenfalls um ein Trio von Begriffen. Die Güte wird dabei umrahmt von der Wahrheit und der Notwendigkeit.

## Die drei Siebe des Sokrates

*Einst wandelte Sokrates durch die Straßen von Athen. Plötzlich kam ein Mann aufgeregt auf ihn zu.*

*»Sokrates, ich muss dir etwas über deinen Freund erzählen, der …«*

*»Warte einmal«, unterbrach ihn Sokrates. »Bevor du weitererzählst – hast du die Geschichte, die du mir erzählen möchtest, durch die drei Siebe gesiebt?«*

*»Die drei Siebe? Welche drei Siebe?«, fragte der Mann überrascht.*

*»Lass es uns ausprobieren«, schlug Sokrates vor. »Das erste Sieb ist das Sieb der Wahrheit. Bist du dir sicher, dass das, was du mir erzählen möchtest, wahr ist?«*

*»Nein, ich habe gehört, wie es jemand erzählt hat.«*

*»Aha. Aber dann ist es doch sicher durch das zweite Sieb gegangen, das Sieb der Güte? Ist es etwas Gutes, das du über meinen Freund erzählen möchtest?«*

*Zögernd antwortete der Mann: »Nein, das nicht. Im Gegenteil …«*

*»Hm«, sagte Sokrates, »jetzt bleibt uns nur noch das dritte Sieb. Ist es notwendig, dass du mir erzählst, was dich so aufregt?«*

*»Nein, nicht wirklich notwendig«, antwortete der Mann.*

*»Nun«, sagte Sokrates lächelnd, »wenn die Geschichte, die du mir erzählen willst, nicht wahr ist, nicht gut ist und nicht notwendig ist, dann vergiss sie besser und belaste mich nicht damit!«*[61]

# Schritt 5: Klarheit

Der nun folgende fünfte Schritt auf dem Pfad eines gelingenden Lebens ist nicht irgendeiner, er ist der wichtigste von allen.

Schauen wir uns zum Vergleich die anderen Schritte an. Sehr schnell wird deutlich, auch im Leben der glücklichsten Frau und des glücklichsten Mannes gibt es Momente und ganze Lebensabschnitte, in denen es an mindestens einer der anderen fünf Ecken hakt: Mal fehlt es am Mut, mal an der Ruhe; dann wieder fällt es schwer, mitfühlend zu sein oder sich frei zu fühlen. Aber all das lässt sich für eine Weile ertragen.

Ganz anders ist es bei der Klarheit. Hier schlägt jede Änderung – im Guten wie im Schlechten – sofort durch auf die anderen Glücksbausteine. Klarheit ist unverzichtbar für Glück und Zufriedenheit, wie das frisch zufließende Wasser für die Fische in einem Bergsee.

Du brauchst einen klaren Kopf und klare Verhältnisse, um Erfüllung im Privatleben und im Beruf zu finden, um Ziele zu erreichen und Rückschläge zu verkraften. Andernfalls stolperst du durchs Leben wie jemand, der im Tunnel zu Sonnenbrille und Joint statt zur Taschenlampe greift.

Klarheit muss man wollen. Und klare Verhältnisse muss man schaffen beziehungsweise wiederherstellen. Denn die Welt ist voller Schlawiner und Hütchenspieler. Leute, die gern im Trüben fischen, gab es natürlich schon vor zehntausend Jahren. Aber ihre mittlere Dichte nimmt zu, und ihre Methoden werden immer raffinierter.

**Klarheit muss man wollen.**

Irreführung und Verführung von Konsumenten, Wählern und Wählerinnen sind inzwischen zu einem der wichtigsten Anwendungsbereiche Künstlicher Intelligenz geworden. Wer allzu sorglos ist, gerät – ohne es zu wollen und oft, ohne es zu merken – in eine Informationsblase, in irgendeinen Club von Fanatikern oder sonstigen Wirrköpfen.

## Den Kurs halten, die Blickrichtung ändern

Noch etwas ist wichtig. Wenn wir über Klarheit reden, dann ist nicht nur der Kopf gemeint. Gerade das Herz braucht einen intakten Kompass, damit es nicht im Laufe der Jahre immer verzagter oder kälter wird. Und es geht nicht nur um *mein* Herz, sondern ebenso um das Herz meiner Gefährtin, meines Sohns oder meiner Mutter. Wie soll das Zusammenleben mit anderen Menschen gelingen, wenn ich mit mir selbst nicht im Reinen bin? Wie kann ich erwarten, von anderen geliebt zu werden, wenn ich selbst mit gezinkten Karten spiele, wenn auf mich kein Verlass ist?

Klar sein und klar bleiben im Denken und Handeln ist niemals leicht. Bisweilen wird die Einflussnahme von außen – Konventionen, unerbetene Ratschläge von Freunden oder Angriffe anonymer Gegner – unerträglich. Was tun, wenn man das Gefühl hat, im Morast von Zeit- und Leistungsdruck, von Behinderung und Verleumdung zu versinken?

Carl Gustav Jung empfiehlt uns die Methode des »Überwachsens«, die er auf anschauliche Weise beschreibt:

> *(...) als ich des Öftern sah, wie Menschen ein Problem einfach überwuchsen, an dem andere völlig scheiterten (...). Was auf tieferer Stufe Anlass zu den wildesten Konflikten (...) gegeben hätte, erschien nun (...) wie ein Talgewitter, vom Gipfel eines hohen Berges aus gesehen. Damit ist dem Gewittersturm nichts von seiner Wirklichkeit genommen, aber man ist nicht mehr darin, sondern darüber.*[62]

Eine Frage bleibt hierbei unbeantwortet: Muss man zum Überwachsen geboren sein? Ich plädiere für ein festes, klares NEIN und stelle damit die These auf: Man kann diese Fähigkeit erlernen und trainieren wie die Kunst der freien Rede oder die Kompetenz, Probleme zu lösen. Regel Nummer Eins ist in allen genannten Fällen dieselbe: Lass dich nicht beirren durch Sätze wie »Das schaffst du nie« oder »Das hältst du nicht durch.«

Vielleicht geht es weniger ums Durchhalten als um Pfiffigkeit bei der Suche nach dem sichersten Pfad hinauf zum Gipfel – dem Punkt, wo wir nicht mehr mit der Stange im Nebel stochern und dabei im Kreis herumlaufen. Wo wir einen ungetrübten Blick auf die Gesamtsituation bekommen.

## Frühjahrsputz – am besten zum Jahresende

Mit etwa sechzehn Jahren hatte ich ein erhellendes Erlebnis. Ich besuchte damals ein Kölner Gymnasium, in dessen oberem Stockwerk sich die Räume für die naturwissenschaftlichen Fächer befanden. Von dort hatte man einen schönen Blick auf die Domstadt, was den vom Unterricht gelangweilten Schüler dazu verleitete, sich dem städtischen Panorama statt dem Biologielehrer zuzuwenden. Ich schaute also an einem Sommervormittag durch eins der großen Fenster hinaus und flüsterte meinem Banknachbarn zu: »Ziemlich trüber Tag heute.« »Findest du?«, war die Antwort. »Na, schau doch selbst, man kann kaum die Spitzen vom Dom erkennen.« Darauf meinte er trocken: »Wann warst du das letzte Mal beim Augenarzt?« Es dauerte nicht lange, und ich trug eine Brille so wie er.

In dieser kleinen Episode geht es nicht – wie bei C. G. Jung – um »wildeste Konflikte« oder »ein Talgewitter«. Es geht um die alltägliche Erfahrung, dass die Sehkraft nachlässt. Was aber die Sache so gefährlich macht, ist ihre Langsamkeit, das Unmerkliche der täglichen Veränderung. Die klare Sicht geht nicht, wie etwa bei einem Unfall, plötzlich verloren, sondern schleichend. Und möglicherweise stellst du es erst fest, wenn es zu spät ist.

Da hilft nur eins: regelmäßige Kontrolle. Und so wie wir uns ab und zu einem Sehtest unterziehen oder Fensterscheiben säubern, sollten wir in gewissen Zeitabständen einen Frühjahrsputz in unserem Adressbuch durchführen. Besser als der Frühling ist hierfür vielleicht die Zeit zwischen den Jahren geeignet. Das Ziel ist klar: abhalftern. Abschied nehmen von Pseudofreundschaften und Kontaktdaten, die längst überholt sind. Wir beseitigen den Staub und die erledigten Notizzettel, um – im Sinne der Sokrates-Siebe – den Blick freizubekommen für die Dinge und Menschen, die wirklich wichtig in unserem Leben sind. Denn das ist ja Sinn und Zweck der Bereinigungsaktion: Ich rufe eine alte Freundin, einen ehemaligen Kollegen an, um den Kontakt wieder aufzufrischen. So seltsam es für die meisten klingt, aber Putzen kann Freude bereiten. Das lernt jeder Novize in einem buddhistischen Kloster, dem der Meister zur Begrüßung sagt: Erst einmal wirst du zwei Jahre den Hof kehren, dann sehen wir weiter. Und klarer.

## Drum prüfe, wer sich ewig bindet

Ebenso wenig hilfreich wie falsche Freunde sind schlechte Ratgeber. Bevor du eine hochgelobte Finanzexpertin um ihren Rat bittest oder ihn gar befolgst, schau dir die Dame genau an – ihre Worte und Taten. Wie steht es um ihre eigenen Finanzen? Auf welchem Gebiet hat sie Außergewöhnliches geleistet? Was hat sie dir voraus? Was befähigt sie, dir zu sagen, wie »die Systeme ticken«? Sind ihre Thesen schlüssig und überzeugend?

Meine Ermunterung zur sorgfältigen Prüfung – die ja auch eine Art Brille aufsetzen oder Fensterputzen ist – möchte ich anhand eines Beispiels verdeutlichen. In ihm geht es nicht um den Weg zum finanziellen Erfolg, sondern um die Kernfrage des vorliegenden Buchs: Ein glückliches Leben – was ist das und wie lässt es sich erreichen?

In seinem Buch *Philosophie des Abendlandes* setzt Bertrand Russell sich kritisch mit Arthur Schopenhauer auseinander. Den Briten stört weniger der Pessimismus des deutschen Philosophen als die Widersprüche in seinem Leben und seinen Schriften: »Schopenhauers Evangelium des Verzichts ist nicht (...) sehr aufrichtig. (...) Er pflegte in einem guten Restaurant zu speisen (...) er war überaus zänkisch und ungewöhnlich geizig.«[63] Man mag Russells Urteil hart finden, aber für das Werk, aus dem ich zitiert habe, erhielt er 1950 den Literaturnobelpreis. Und er war nicht nur ein guter Schreiber und Philosoph, er war ganz nebenbei ein brillanter Mathematiker.

Seien wir also nicht zu ehrfürchtig oder gutgläubig, wenn wir's mit großen Namen und faszinierenden Schriften zu tun haben. Erst recht, wenn eine gute Freundin uns überredet, mit ihr an einer Versammlung von Esoterikern oder Sektenmitgliedern teilzunehmen. Mit Heilslehren ist es wie mit Alkohol und sonstigen Drogen, sie werden – ehe man sich's versieht – zu einer schiefen Ebene, die mit wohlriechender Seife eingeschmiert wurde. Darauf lässt es sich angenehm und sorgenfrei rutschen – in ein Loch, aus dem wir möglicherweise nie mehr herauskommen.

Wir geben unser Gehirn an der Garderobe ab und treten ein in einen schlecht beleuchteten Saal voller Zerrspiegel. Wir verabschieden uns vom klaren Denken, geben unsere Freiheit auf und ebenso unsere alten Freundschaften und familiären Bindungen, denn – so glauben wir – jetzt haben wir eine neue Familie gefunden. Und ewige Erleuchtung. Ab und zu kommt ein Kellner, um abzukassieren. Na, dann prost!

> **Wir geben unser Gehirn an der Garderobe ab.**

***

Wir werden gleich zur Ruhe kommen, zum letzten Schritt auf unserem Glückspfad. Vorher aber sei noch einmal an den Satz erinnert, mit dem unsere Wanderung begann: Ein glückliches Leben hat sehr viel mit Logik zu tun.

Am Anfang unseres Weges stand also die Idee von der Logik des Glücks. Jetzt, am Ende der fünften Etappe, lade ich dazu ein, die folgende logische Kette zu betrachten, als eine Art

## Zusammenfassung

- Wenn du, sagt Perikles, *glücklich* werden willst, dann strebe nach *Freiheit*; und dazu brauchst du *Mut*.
- Wenn du dich mutlos fühlst, so Thich Nhat Hanh, dann fass dir ein Herz. Nicht dein Verstand wird dir jetzt helfen, sondern dein *Mitgefühl*.

- Wenn du denkst »Ich weiß nicht, wo mir der Kopf steht, für Mitgefühl hab ich jetzt keine Zeit«, dann sorge für *Klarheit* – durch Aufräumen und Entrümpeln.
- Du sagst, dazu hast du nicht die Kraft ...

Unser Problem ist Mangel an Kraft, wir suchen eine Lösung. Da wir die Lösung noch nicht kennen, nennen wir sie x:

*In x liegt die Kraft.*

Für das x setzen wir probehalber verschiedene Werte ein:

*x = Aufgeregtheit, Schnelligkeit, Effizienz, Leistung*

Zweite Versuchsreihe:

*x = Lautstärke, Rücksichtslosigkeit, Angeberei*

Keins der obigen sieben Wörter ist eine Lösung, x muss etwas anderes sein.

# Schritt 6: Ruhe

»Eigentlich bin ich ganz anders, ich komme nur so selten dazu.« Der besondere Charme dieses Stoßseufzers liegt in seiner Unbestimmtheit. Der Satz, den wir Ödön von Horvath verdanken, ist so allgemein gehalten, dass ihn jeder auf seine eigene Weise mit Leben füllen kann.

Die eine denkt daran, wie oft sie den Geburtstag einer Freundin vergisst, der andere an seinen Jähzorn, der nächste an seine ständige Unruhe und Besorgtheit. Indem der Autor nicht verrät, wozu er so selten kommt, dreht er den Spieß um; wir spüren, hier geht es nicht nur um ihn, sondern um jeden von uns. All unsere Sünden fallen uns ein, aber wir schmunzeln dabei, denn wir wissen, den anderen ergeht es nicht besser. Aus dem Allgemeinen wird das Allgemeingültige.

Ödön von Horvaths Botschaft ist unmissverständlich: Meine Freundin, mein Freund, du bist nicht bei dir selbst; du lebst nicht dein Leben, sondern ein anderes, falsches.

Und wenn du sagst, im Augenblick kann ich nichts ändern an meiner Situation, ich brauche noch ein wenig Zeit, eine günstige Gelegenheit ... dann hast du noch nicht begriffen, dass deine Tage gezählt sind. Falls da etwas ist, das du »eigentlich« immer schon tun wolltest, tu's auf der Stelle. Warte nicht auf bessere Bedingungen, schaffe sie.

**Warte nicht auf bessere Bedingungen, schaffe sie.**

Wir alle wurschteln uns oft durchs Leben, als könnten wir ewig so weitermachen. Ab und zu, wenn wir bei einer Beerdigung unsere Abschiedsblütenblätter auf den Sarg oder die Urne fallen lassen, haben wir einen lichten Moment. Wir erkennen: Ich selbst könnte derjenige unter den Trauernden sein, der als nächster in die Grube fährt. Und Minuten später plaudern wir mit den anderen Kurzzeit-Philosophen über die steigenden Spritpreise.

Wir betäuben uns mit Routine, mit belanglosen Nachrichtenschnipseln oder Alkohol. Aber je mehr wir uns betäuben, desto unruhiger werden wir. Was uns so kribbelig macht, ist die eine uralte Nachricht, die seit tausend Generationen im Gedächtnis unserer Art verankert ist und die wir immer nur für eine kurze Weile unterdrücken können: Wir alle werden sterben.

Man kann dagegen aufbegehren. So wie Voltaire, dieser ruhelose Franzose, der sich mit jedem anlegte, mit Gott und der Welt, mit dem Klerus und Friedrich dem Großen. Ihm, Voltaire, verdanken wir einen Satz, auf den kein anderer kommen konnte als er: »Die Geburt ist offenbar ein Schwerverbrechen, denn sie wird mit dem Tode bestraft.« Man kann aber auch das halbvolle Glas sehen; alle, die schon unter der Erde sind, six feet under, befinden sich auf Augenhöhe. Keiner schaut auf andere herab, keiner muss sich vor anderen fürchten. Das bringt Ruhe ins Spiel.

## Mut und Dankbarkeit

Jetzt, wo wir uns dem Ende unseres Lernpfads nähern, möchte ich an die Anfangsszene der Reise erinnern. An die Worte, mit denen der Teufel uns Menschen verhöhnt, weil es uns, wie er meint, an Mut und Dankbarkeit fehle. Dieser Mephisto, der sich so gern über uns lustig macht, weiß sehr gut, wovon er spricht. Ihm verdanken wir die täglichen Einflüsterungen und Ablenkungen, die uns immer feiger, gieriger und undankbarer werden lassen.

Dabei bräuchten wir, um wirklich glücklich und mit uns im Reinen zu sein, nur öfter – auch das zur Erinnerung – dagegenzuhalten. Wir müssten den Mut aufbringen,

- uns zu lösen vom Herdentrieb, von Dummheit und Gier,
- ab und zu ein paar Tage allein zu verbringen, ohne Partner, Familie oder Freunde,
- eine halbe Stunde pro Tag zu reservieren – fürs Spazierengehen, Meditieren, für Muße oder Sport,
- Regeln zu vereinbaren, beispielsweise einen Jour fixe in der Familie, und auf deren Einhaltung zu achten,
- um Verzeihung zu bitten und anderen zu verzeihen,
- im Sinne von Reinhold Niebuhr[64] die Dinge loszulassen, die wir nicht ändern können,
- und stattdessen unsere Einstellung zu diesen Dingen zu ändern.

Und wenn unser Mut belohnt wird, wenn wir einen Vorsatz in die Tat umgesetzt haben, dann sollten wir uns auf unseren frischen Lorbeeren eine Weile ausruhen. Uns nicht gleich ins nächste Projekt stürzen. Es ist lebenswichtig, dankbar zu sein, den Abend zu feiern und sich zu freuen, auch über kleine Erfolge, Begegnungen und unerwartete Komplimente. Wer das nicht schafft, wird nie Eros Ramazottis *Attimo Di Pace,*[65] den Moment des Friedens, genießen können.

## Das richtige Zeitmaß finden

Oft ist es nicht die Gier, mit der wir uns selbst im Weg stehen, sondern Perfektionismus oder übertriebener Ehrgeiz. In beiden Fällen ist die Ausgangslage vertrackt. Wenn du als Mutter einer halbwüchsigen Tochter stets gute Ergebnisse und tadelloses Verhalten von ihr erwartest, wird sie sich irgendwann verweigern und das Schludrige kultivieren, oder – noch schlimmer – sich ins Perfektionistische hineinsteigern. Beides ist nicht das, was du dir gewünscht hast.

Ganz ähnlich wird es mit dem Ehrgeiz ablaufen, wenn etwa ein Vater seinen Sprössling immer mehr zu Höchstleistungen im Sport anstachelt. Wer nun den gängigen Begriff »gesunder Ehrgeiz« als Richtschnur vorschlägt, muss sich die Frage gefallen lassen, was ist das überhaupt? Wer entscheidet im Einzelfall darüber, wo die Gesundheit aufhört und die Krankheit anfängt? Der Hausarzt? Oder könnte der Radrennfahrer und Triathlet Lance Armstrong uns hierzu einen guten Rat geben? Vielleicht eher der Astronaut Neil Armstrong oder der Jazzmusiker Louis »Satchmo« Armstrong?

Ein Blick zurück zum achten Kapitel und Aristoteles' »richtiger Mitte« macht schnell klar, dass in den oben genannten Fallbeispielen die Ausgewogenheit fehlt. Das führt dazu, dass die »Probanden«, also die betroffenen jungen Menschen, durch die gut gemeinten und schlecht umgesetzten Fördermaßnahmen der Eltern möglicherweise Erfolg haben, aber nicht glücklich werden. Denn das Grundvertrauen in Eltern, Lehrerinnen und Trainer ist ihnen unterwegs abhandengekommen. Anders gesagt, wer mit übertriebenem Eifer auch die kleinste Schwäche bei sich selbst oder seinem Kind bekämpft, vergisst, dass manche Schwächen liebenswert sind. Und dass gerade das Überkorrekte und das Strebertum von anderen kaum als positive Charakterzüge wahrgenommen werden.

Wenn in unseren westlichen Ländern ein Kind oder ein junger Mensch eine ruhige, manchmal auch verträumte Art hat, wird dies oft als Schlafmützigkeit gedeutet. Friedrich Schiller warnt uns vor solchen Missverständnissen: »Strebe nach Ruhe, aber durch das Gleichgewicht, nicht durch den Stillstand deiner Tätigkeit.« Wenn wir dabei an die harmonische Bewegung des Pendels einer alten Uhr denken, sind wir schon fast bei Mozart. Das »Wolferl« wurde einmal gefragt, was aus seiner Sicht das Wichtigste in der Musik sei; seine Antwort: »Die Tempi.«

Nutzen wir doch diese Steilvorlagen der beiden alten Meister und versuchen wir, im Alltag stets das für uns richtige Zeitmaß zu finden, in die Balance und zur Ruhe zu kommen. Auch das erfordert Mut. Denn allzu gern reden uns die anderen – der Chef, die Freundin oder Mephisto, unser ständiger Begleiter – ein, wir müssten unbedingt etwas an unserem Tempo ändern. Aber wem das Moderato cantabile liegt, sollte stolz darauf sein und sich nicht von Prestissimo-Typen aus dem Takt bringen lassen. Denn die Moderato-Menschen, die Heiteren und Gelassenen, sind näher dran an der Kraft, die in der Ruhe liegt. Und wer sie sucht, findet sie zum Beispiel im Zen-Buddhismus, dem wir so wunderbare Verse verdanken wie: *Wenn man stillsitzt und nichts tut, kommt der Frühling und das Gras wächst von selbst.*

Zurück zu den Steilvorlagen von Schiller und Mozart. Bei solchen Vorlagen darf man nicht zu lange zögern mit dem Versuch, einen Treffer zu erzielen, andernfalls wird es dem Gegner gelingen, dies zu verhindern. Eine feine Schiller-Mozart-Übung, die du ohne große Vorbereitungen sofort durchführen kannst, ist der komplette Verzicht auf die täglichen Fernseh- und Rundfunknachrichten. Ja, du hast richtig gehört. Einfach das Radio abschalten, beim ersten gesprochenen Satz, also schon beim Start des Werbeblocks. Nach dem Text wieder anschalten, und weiter mit Musik. Schon nach wenigen Tagen fängt es an, Laune zu machen. Wesentlich eleganter wird die Sache, wenn man verstärkt Dienste nutzt, die Musik rund um die Uhr anbieten, ohne Werbung und ohne Nachrichten. Traumhaft. Den Fernseher schaltest du abends grundsätzlich erst zu Beginn der Wettervorhersage an, sodass du den Anfang des Films oder der Live-Sendung nicht verpasst. Das alles ist einfacher als du glaubst, ich habe es selbst irgendwann ausprobiert und praktiziere es seit Jahren.

**Nachrichten abschalten, Musik anschalten.**

Der Effekt ist, du setzt dich nicht länger wie ein gewisser fressgieriger Kater, dessen Namen ich hier verschweige, zu vorgegebenen Zeiten stumm vor den Futter-Roboter, um nach dem Gongschlag mit Trivial- und Katastrophenmeldungen abgefüttert zu werden, die kein Mensch braucht und die obendrein – im Gegensatz zu Ludwigs Katzenfutter – schlecht verdaulich sind. Wichtig bei dieser Abstinenzübung ist die Regel »ganz oder gar nicht« – wie wenn du dir das Rauchen abgewöhnen willst. Ein Abgrund lässt sich nicht in mehreren Sprüngen überwinden, das hat schon David Lloyd George erkannt.

## Der Kreislauf des Lebens

Odysseus war ein Mann. Und Abraham, Luther und Marx waren Männer. Sie alle hatten in ihrem Leben wichtige Projekte zu erledigen, sie brachen auf zu neuen Ufern, sie versuchten, anderen die Welt zu erklären und dabei ihr Bestes zu geben. Aber ich glaube, ihr Bestes war da, wohin sie abends oder am Ende einer langen Reise zurückkehrten. Zu Hause saßen Penelope und Sara, Katharina und Jenny. Von ihnen möchte ich reden.

Alle vier Frauen sind irgendwann Mütter geworden. Sie wurden schwanger, spürten das neue Leben in sich, brachten ihre Kinder zur Welt, sie gaben ihnen die Brust, und sie gaben ihnen Geborgenheit. Sie sahen, während sie älter wurden, wie ihre Söhne und Töchter aufwuchsen, selbst Väter und Mütter wurden und arbeiteten unverdrossen weiter, auch wenn ihre Kräfte nachließen. Jenny Marx, Katharina von Bora, Sara und Penelope haben keine weltberühmten Texte über Aufstieg und Niedergang geschrieben und keine Kreise in den Sand gezogen, wie Thales von Milet, sie sahen sich als einen Teil vom ewigen Kreislauf der Natur, von Frühling, Sommer, Herbst und Winter, von Wachstum und Verfall. Sie lehrten nicht Geburt, Liebe und Tod. Sie wurden geboren, liebten, gebaren und starben.

Ein Mensch, dessen Lebensleistung ich sehr bewundere, weil er es wie kaum ein anderer schaffte, die männliche und die weibliche Art des Denkens und Fühlens zu beschreiben, ist der Sozialpsychologe Horst-Eberhard Richter. 1979, also wenige Jahre nach der bereits erwähnten Studie *Grenzen des Wachstums*, erschien Richters Buch *Der Gotteskomplex*.[66] Darin geht es – so liest man im Klappentext – um die Flucht des modernen Menschen »aus der mittelalterlichen Ohnmacht in den Anspruch auf egozentrische gottgleiche Allmacht«.

Der Autor hat früher als die meisten anderen erkannt, dass das »kontinuierliche Höher-Hinauf« in die Katastrophe führen wird. Er beklagt, dass weder die Kinder noch die Alten in unserer Gesellschaft auf eine ihnen angemessene Weise leben können oder wollen – in den Schulen findet man lauter kleine Erwachsene und in den Seniorenresidenzen Greisinnen und Greise im Jugendwahn.

Als Alternative schlägt Richter vor, dass der Mensch sein Leben nicht als eine gerade Linie begreift, die »letztlich in die Unendlichkeit« führt, sondern als Zyklus, denn:

> *Würde er begreifen, dass er sich in jedem Augenblick inmitten eines Lebenskreises befindet, dann gäbe es nicht die ewigen Frustrationen des Noch-Nicht und des Nicht-Mehr. Dann wäre jeder Punkt in diesem Kreise gleich sinnvoll. Und das Sterben wäre die Vollendung des Kreises, zu jeder Zeit mitbedacht.*[67]

Horst-Eberhard Richter hat vor fast fünfzig Jahren bereits den Kern des Problems erfasst: Wenn die Menschheit nicht sehr bald das hinbekommt, was ich im Anfangskapitel als *exponentielle Lernkurve* bezeichnet habe, ist sie verloren. In den Medien wird mittlerweile viel von *Transformation* geredet, aber fast immer sind damit Veränderungsprozesse in den Bereichen Wirtschaft, Technologie oder Ökologie gemeint. Die für das Überleben von Homo sapiens entscheidende Transformation steht jedoch noch bevor: Das »Umschaltspiel«, wie man im Fußball sagen würde, in den Köpfen der Menschen. Das Krümmen der endlosen Geraden zu einer Kreislinie. Das Versöhnen von männlichem Denken – etwa dem *Vektor Mut* – mit dem weiblichen Bewusstsein, das der Natur und ihren Zyklen viel näher ist. Testosteron allein macht nicht glücklich, es lässt Männer und auch Frauen nicht zur Ruhe kommen.

**Das Krümmen der endlosen Geraden zu einer Kreislinie**

Aber, ob nun Frau oder Mann, wir alle sprechen oft von der Unendlichkeit und so gut wie nie von der Unanfänglichkeit. Wieso eigentlich nicht? Denn das eine gehört ja zum anderen. Was – so wie die Kreislinie – keinen Anfang hat, hat auch kein Ende. Nur, den meisten Menschen fällt es eben schwer, sich bewusst zu machen, dass ihr Leben nicht erst mit der Zeugung oder der Geburt angefangen hat; dass dieses Leben nur ein Glied in einer langen Kette von Genen und Traditionen ist.

Noch verhängnisvoller ist die Angst vor dem eigenen Lebensende. Auch wenn diese Furcht verschieden stark ausgeprägt ist, je nachdem, zu welcher Weltanschauung ein Mensch gelangt ist.

Was das Leben nach dem Tod betrifft, gibt es im Wesentlichen drei Deutungsmuster. In einer WDR5-Sendung aus der Reihe »Das philosophische Radio« wurden sie vom Philosophen Siegfried Reusch kürzlich vorgestellt. Das dritte Modell entspricht den Ideen von Horst-Eberhard Richter:

1. Der Materialist ist sicher, dass nach seinem Tod nichts von ihm bleibt. Der Tod ist das Ende. Punkt.
2. Streng religiöse Menschen glauben fest an ein Weiterleben nach dem Tod. Für sie ist das Lebensende kein »Exitus«, wie es im Medizin-Jargon heißt, sondern ein »Transitus« – der Übergang in eine andere Daseinsform.
3. Eine interessante Alternative ist die Vorstellung vom Tod als der Vollendung des Lebens. Der Kreis schließt sich.

## Henry – das Ass im Ärmel

**Was betrübst du dich, meine Seele?**

In der Bibel heißt es im 6. Vers von Psalm 42: »Was betrübst du dich, meine Seele, und bist so unruhig in mir?« In der Form eines Selbstgesprächs wird hier mit wenigen Worten gesagt, dass wir beim Nachdenken über Trauer und Aufgeregtheit stets den ganzen Menschen im Blickfeld haben müssen – den Dreiklang von Körper, Geist und Seele. Wenn dein Gemüt nicht zur Ruhe kommt, dann ist auch das Denken eingetrübt. Und die Unruhe deiner Seele springt ebenso über auf deine Organe, deine Sinne und Bewegungen. Der harmonische Dreiklang wird zur Dissonanz.

Zu der Frage »Wer oder was kann dir jetzt helfen?« gibt es in dem besagten Gebet eine eindeutige und wenig überraschende Antwort: Gott. Aber kurz darauf wendet sich die oder der Betende an diesen Gott mit der Frage: »Warum hast du mich vergessen?«, und er unterstreicht seinen Zweifel mit den Worten seiner »Feinde«, die »täglich« zu ihm sagen: »Wo ist nun dein Gott?« Es ist die Frage, die in jedem Krieg, bei jedem Erdbeben oder Hurrikan, nach jedem Verlust eines geliebten Menschen gestellt wird, nicht nur von Atheisten.

Ich glaube, man muss nicht glauben an *den* einzig wahren Gott, um Trost und Inspiration zu finden beim Lesen eines Psalms, einer Sure oder der Bergpredigt. Und man muss nicht Jahre seines Lebens in einem Kloster verbringen, um durch Meditieren zur Ruhe zu kommen. Schon im Intermezzo habe ich dazu ermuntert, unbefangen und mit kindlicher Neugier an diese Dinge heranzugehen.

Wenn deine Seele unruhig ist, weil du Angst vor dem Sterben hast, weil du meinst, du hast etwas versäumt in deinem Leben, oder weil du gerade unsterblich verliebt bist und dir Sorgen machst, diese Liebe bald wieder zu verlieren, denk an Henry!

In dem Moment stellst du fest, nichts ist so vergänglich wie Unsterblichkeit und nichts so belebend wie der Gedanke an den Tod.

# Ausklang

An einem Frühsommertag vor ein paar Jahren machte ich mich morgens auf den Weg zu meinem Stammcafé. Die Sonne schien, ich ging wie immer die schattige Lindenallee entlang, parallel zu dem kleinen Fluss, von dem im Kapitel »Freiheit« schon die Rede war. Salvatore kam mir entgegen, der schon betagte, aber höchst agile Patron des nahegelegenen italienischen Restaurants. Sein Hündchen Cucciolo – immer ohne Leine, mit eigenem Kompass, oft stundenlang herrenlos unterwegs – lief ihm voraus. Wir begrüßten uns.

»Ist das nicht ein herrlicher Tag, Salvatore?«, fragte ich ihn. Er drehte sich wortlos um neunzig Grad, blickte zum Fluss und zu den Weinbergen auf der anderen Seite. Dann breitete er seine Arme aus, und wie auf einer Bühne sagte er den Satz »Es ist das Paradies«. In aufgeräumter Stimmung ging ich nach dem Abschied von Salvatore weiter in Richtung Café. Ich freute mich auf Cappuccino, Croissants und die Neonschrift über dem Eingang: Carpe Diem.

Damals ahnte ich nicht, wie gut diese Worte zu unserem kleinen Garten Eden passten, der schon bald danach durch eine Flutkatastrophe zerstört wurde. Jeder Tag, jede Stunde zählt. Die Lage der Menschheit ist bedrohlich. Aber wir haben die Chance und die Fähigkeit zu lernen, es ist unser größtes Kapital. Die Zeit, die uns noch zum Umdenken bleibt, sollten wir nicht mit Sorgen oder Hass vergeuden. Machen wir etwas aus unserem Leben auf diesem Planeten. Etwas Gutes. Ich meine das Leben jedes Einzelnen und das von uns allen, das Leben der Art Homo sapiens.

# Dank

Zuerst danke ich allen, die mir im Spätsommer 2021 nach der Unwetterkatastrophe in meiner Heimatstadt geholfen haben, aus dem Loch der Verzweiflung herauszukrabbeln und das vorliegende Buch fertigzustellen. Es gab Tage, an denen es mir schwerfiel, übers Sterben und über das Ende der Menschheit zu schreiben. Von den vielen Menschen, die mich in dieser Zeit praktisch und moralisch unterstützt haben, nenne ich hier nur die wichtigsten: meine Schwester Irene Scheurer sowie Eckhard Krämer, Elke Smidt-Kulla und Dr. Angelika Brandt.

Sehr dankbar bin ich auch allen, die von Zeit zu Zeit Teile des Manuskripts gelesen und mein Projekt mit ihrer Anerkennung, ihrer konstruktiven Kritik und vielen wertvollen Anregungen begleitet haben. Allen voran meiner Gefährtin Dr. Cornelia Busse, und dann – neben den bereits oben genannten – Michael Albrech, Günter Dalheimer, Heinrich Derksen, Franziska Erdenberger, Barbara Reichenbach und Renate Reuter. Zum Erfolg meines Vorhabens und zur Motivation des gesamten Projektteams hat auf besondere Weise Norbert Schmitt beigetragen, ihm verdanken wir die Illustrationen und die ersten Entwürfe des Buchumschlags.

Eine Art Quantensprung war für mich der Beginn der Zusammenarbeit mit dem Midas Verlag. Und wenn ich Midas sage, dann spreche ich von Gregory C. Zäch. An dem

Tag, an welchem wir uns zum ersten Mal begegnet sind, war mir klar: Einen besseren Verbündeten als ihn würde ich für mein Buch nirgendwo finden. Ich danke ihm und dem ganzen Midas-Team ganz herzlich. Last but not least geht mein Dank an Dr. Friederike Römhild, die mir in der Lektoratsphase mit ihren Ideen, mit viel Geduld und nie versiegender Zuversicht zur Seite stand.

# Quellenangaben


1 Anzahl der Sterne im Universum, Sternwarte Singen e. V. https://www.sternwarte-singen.de/basis-wissen/anzahl-der-sterne-im-all/index.php [Zuletzt abgerufen am 04.02.2022]

2 Marvin, Christopher J., »Haben alle Sterne Planeten?«, in: Max-Planck-Institut. Online: https://www.ds.mpg.de/2629896/Haben_alle_Sterne_Planeten [Zuletzt abgerufen am 21.02.2022]

3 »Studie: 36 intelligente Zivilisationen in der Milchstraße«, in: mdr Wissen. Online: https://www.mdr.de/wissen/sind-wir-allein-im-universum-100.html [Zuletzt abgerufen am 21.02.2022]

4 Nock, Yannick, »Corona und kein Ende? Das lange Warten auf den Impfstoff«, in: NZZ, 23.11.2020. Online: https://www.nzz.ch/video/nzz-standpunkte/was-jetzt-passiert-habe-ich-nicht-fuer-moeglich-gehalten-virologin-erklaert-neuen-impfstoff-und-kritisiert-corona-beschraenkung-ld.1587464 [Zuletzt abgerufen am 21.02.2022]

5 Schon in den Neunzigerjahren verfasste der Theologe Erhard Gerstenberger hierzu einen Aufsatz, den man als Weckruf bezeichnen kann. Vgl. Erhard Gerstenberger, »›Macht euch die Erde Untertan‹ (Gen. 1,28) – Vom Sinn und Missbrauch der ›Herrschaftsformel‹«, in: *Nach den Anfängen fragen. Herrn Prof. Dr. theol. Gerhard Dautzenberg zum 60. Geburtstag am 30. Januar 1994*, hg. von Cornelius Mayer u. a. Universität Gießen: Fachbereich Evangelische Theologie und Katholische Theologie und deren Didaktik 1994, S. 235-250. Siehe auch online http://geb.uni-giessen.de/geb/volltexte/2012/8833/pdf/Gerstenberger_Untertan.pdf [Zuletzt abgerufen am 04.02.2022]

6 Dennis Meadows, *Die Grenzen des Wachstums. Bericht des Club of Rome zur Lage der Menschheit*, Deutsche Verlags-Anstalt 1972

7 Amtsantrittsrede von John F. Kennedy. In: Wikipedia. Online: https://de.wikipedia.org/wiki/Amtsantrittsrede_von_John_F._Kennedy [Zuletzt abgerufen am: 27.02.2022]

8 Barbara Vorsamer, »Frag nicht, was dein Land für dich tun kann«, in: Süddeutsche Zeitung, 19.01.2009. https://www.sueddeutsche.de/politik/reden-zum-amtsantritt-frag-nicht-was-dein-land-fuer-dich-tun-kann-1.490683 [Zuletzt abgerufen am: 04.02.2022]

9 »Hundert Sekunden noch bis zum Weltuntergang«, in: Spiegel, 20.01.2022. Online: https://www.spiegel.de/wissenschaft/mensch/weltuntergangsuhr-hundert-sekunden-noch-bis-zum-weltuntergang-a-9f34493a-8e43-4948-909f-a3c26cdd85ab [Zuletzt abgerufen am 21.02.2022]

10 Minkmar, Nils, »Der König ist krank. Lang lebe der König?«, in: Spiegel Netzwerk, 02.10.2020. Online: https://www.spiegel.de/kultur/donald-trump-und-seine-corona-erkrankung-total-fixiert-auf-papa-a-0c1ff0fe-6bc7-448c-81d2-a08ff2ebe911 [Zuletzt abgerufen am 21.02.2022]

11 Hoppenstedt, Max, »Trumps Corona-Infektion sorgt für Flut an Falschmeldungen, in: Spiegel Netzwerk, 05.10.2020. Online: https://www.spiegel.de/netzwelt/web/trumps-corona-infektion-sorgt-fuer-flut-an-falschmeldungen-a-e8ff15e2-8d84-4deb-b1dc-599d6aa7fd49 [Zuletzt abgerufen am 21.02.2022]

12 Schätzungen zur Bevölkerung des Römischen Reiches nach Reichsteilen im Jahr 14 n. Chr. , in: Statistica. Online: https://de.statista.com/statistik/daten/studie/252065/umfrage/geschaetzte-bevoelkerung-des-roemisches-reiches-zur-zeit-des-augustus/ [Zuletzt abgerufen am 21.02.2022]

13 Ein *Cyborg* – Abkürzung für »cybernetic organism« – ist ein Mischwesen aus biologischem Organismus und Maschine. Zur Abgrenzung gegenüber den Begriffen *Android* und *Roboter* siehe: https://de.wikipedia.org/wiki/Cyborg [Zuletzt abgerufen am 21.02.2022]

14 Swatman, Rachel, »Rekordhalter-Profi-Video, Bertie, die schnellste Schildkröte«. Online: https://www.guinnessworldrecords.de/news/2015/9/rekordhalter-profil-video-bertie-die-schnellste-schildkrote [Zuletzt abgerufen am 21.02.2022]

15 Michel de Montaigne: *Essais*, übertragen von Johann Joachim Bode, Insel 1991, S. 10ff.

16 Der *Nahtod* ist ein komplexes und zugleich umstrittenes Thema. Aufschlussreiche Beispiele hierzu findet man in: Sogyal Rinpoche, *Das tibetische Buch vom Leben und vom Sterben*, O. W. Barth Verlag, 14. Auflage, 1995, S. 375-395.

17 Tom Morris: *Philosophie für Dummies*, MITP-Verlag 2000, S. 231.

18 Wader, Hannes, *Heute hier, morgen dort*, Songtext. Online: https://www.songtexte.de/songtexte/hannes-wader-heute-hier-morgen-dort-9615677.html [Zuletzt abgerufen am 21.02.2022]

19 Eike Christian Hirsch, *Der Witzableiter oder Schule des Gelächters*, Hoffmann und Campe 1985.

20 Sogyal Rinpoche, *Das tibetische Buch vom Leben und vom Sterben*, O. W. Barth Verlag, 14. Auflage, 1995, S. 42.

21 Gelassenheitsgebet, in: Wikipedia: https://de.wikipedia.org/wiki/Gelassenheitsgebet [24.02.2022]

22 Christoph Kuckelkorn, *»Der Tod ist dein letzter großer Termin«: Ein Bestatter erzählt vom Leben*, Fischer Verlag 2020.

23 »Der fröhliche Bestatter« aus: DIE ZEIT vom 4. Februar 2008. Siehe Wikipedia: https://de.wikipedia.org/wiki/Christoph_Kuckelkorn [Zuletzt abgerufen am 21.02.2022]

24 Mehr zu diesem Gedankengang – mit einem Verweis auf Erik H. Erikson – findet man unter: https://de.wikipedia.org/wiki/Urvertrauen [Zuletzt abgerufen am 21.02.2022]

25 Ludwig Prokop. In: Wikipedia: https://de.wikipedia.org/wiki/Ludwig_Prokop [Zuletzt abgerufen am 21.02.2022]

26 Mena Kost und Annette Boutellier, *Ausleben. Gedanken an den Tod verschiebt man gerne auf später*, Christoph Merian Verlag 2020.

27 »Leben wir über unsere Verhältnisse, Herr Sloterdijk?«, in: Bild, 19.10.2020. Online: https://www.bild.de/politik/kolumnen/kolumne/deutschlands-beruehmtester-philosoph-peter-sloterdijk-leben-wir-ueber-unsere-ver-73479238.bild.html [Zuletzt abgerufen am 21.02.2022]

28 »Babylon Berlin« ist eine Fernsehserie, die im Berlin der Weimarer Republik spielt. Die Erstausstrahlung erfolgte 2017. Siehe Wikipedia: https://de.wikipedia.org/wiki/Babylon_Berlin [Zuletzt abgerufen am 21.02.2022]

29 Röllin, Olivia, »›Gott ist tot!‹ Bloß, welcher Gott denn eigentlich?«, in: SRF: Wahnsinn!, Nietzsche!, 17.05.2020. Online: https://www.srf.ch/kultur/gesellschaft-religion/nietzsche-und-die-religion-gott-ist-tot-bloss-welcher-gott-denn-eigentlich [Zuletzt abgerufen am 21.02.2022]

30 Barbara Ehrenreich, *Wollen wir ewig leben? Die Wellness-Epidemie, die Gewissheit des Todes und unsere Illusion von Kontrolle*, Verlag Antje Kunstmann 2018.

31 Wagner, Franz Josef, »Lieber Boris Palmer«, in: Bild, 18.11.2021. Online: https://www.bild.de/politik/kolumnen/franz-josef-wagner/post-von-wagner-lieber-boris-palmer-78286260.bild.html [Zuletzt abgerufen am 21.02.2022]

32 Tiede, Peter, »Haltet Palmer!«, in: Bild, 15.11.2021. Online: https://www.bild.de/politik/kolumnen/kolumne/kommentar-haltet-boris-palmer-78254986.bild.html [Zuletzt abgerufen am 21.02.2022]

33 »Das passierte in den 8 Minuten Sinkflug«, in: Bild, 24.03.2015. Online: https://www.bild.de/news/ausland/flugzeugabsturz/das-passierte-im-sinkflug-40291698.bild.html [Zuletzt abgerufen am 21.02.2022]

34 Lobo, Sascha, »Wir reden zu wenig über den Tod«, in: Spiegel Netzwelt, 29.12.2021. Online: https://www.spiegel.de/netzwelt/netzpolitik/triage-in-der-corona-pandemie-wir-reden-zu-wenig-ueber-den-tod-kolumne-a-f5060bf1-c5b9-4eac-a180-a36947d97c66 [Zuletzt abgerufen am 21.02.2022]

35 Ruth Bohnenkamp, Simone Weidner, *Das Vorsorge-Set*, 5. aktualisierte Auflage, Stiftung Warentest/Finanztest 2021.

36 Christiane zur Nieden, *Sterbefasten. Freiwilliger Verzicht auf Nahrung und Flüssigkeit. Eine Fallbeschreibung*, Mabuse-Verlag 2016.

37 Ebenda, S. 63.

38 Thich Nhat Hanh, *Einfach sitzen*, O. W. Barth Verlag 2016.

39 Rech, Matthias, »›Kobra‹ Wegmann: Zuerst kein Glück gehabt, dann kam Pech dazu«. Online: https://www.wz.de/sport/fussball/kobra-wegmann-zuerst-kein-glueck-gehabt-dann-kam-pech-hinzu_aid-29611347 [Zuletzt abgerufen am 21.02.2022]

40 Wayne Dyer. Wikipedia: https://de.wikipedia.org/wiki/Wayne_Dyer [Zuletzt abgerufen am 21.02.2022]

41 Eros Ramazotti, *Un attimo di pace*, Songtext. Online: https://lyricstranslate.com/de/un-attimo-di-pace-ein-augenblick-des-friedens.html [Zuletzt abgerufen am 21.02.2022]

42 Lenny Kravitz, *Fly Away*, Songtext. Online: https://www.songtexte.com/songtext/lenny-kravitz/fly-away-5bd69358.html [Zuletzt abgerufen am 21.02.2022]

43 Lenny Kravitz, *Fly Away*, YouTube: https://www.youtube.com/watch?v=EvuL5jyCHOw [Zuletzt abgerufen am 21.02.2022]

44 *Harenberg Anekdotenlexikon. 3868 pointierte Kurzgeschichten über mehr als 1150 Persönlichkeiten aus Politik, Kultur und Gesellschaft. Aufgeschrieben von Maurus Pacher*, Harenberg Lexikon Verlag 2000, Artikel »Ernst Reuter und die Freiheit als Lebenselixier«, Seite 725.

45 Marty, Christian, »Wie man in der modernen Welt ein selbstbestimmtes Leben führen kann: Der Soziologe Max Weber lehrt uns, was frei sein heißt«, in: NZZ, 14.02.2020. Online: https://www.nzz.ch/feuilleton/max-weber-er-lehrt-wie-man-in-der-moderne-selbstbestimmt-lebt-ld.1560159 [Zuletzt abgerufen am 21.02.2022]

46 Von Rosa Luxemburg stammt das bekannte Zitat »Freiheit ist immer die Freiheit der Andersdenkenden«.

47 Wilhard Becker, Ulrich Schaffer, *Ich will das Haus meines Lebens bewohnen*, Ernst Kaufmann Verlag 1987.

48 Lindblom, Anita, *Ein bisschen Mut*, Songtext. Online: https://musikguru.de/anita-lindblom/songtext-ein-bisschen-mut-702740.html [Zuletzt abgerufen am 21.02.2022]

49 Das ist der Titel eines großartigen und kurzweiligen Buchs von Paul Watzlawick, erschienen 2009 in der 15. Auflage im Piper Verlag.

50 Bernhard M. Scheurer, *Projektherz. Das Handwerk der Inspiration*, Daedalus Verlag 2010, S. 44ff.

51 Ebenda, S. 49 ff.

52 »Was darf ich hoffen«, in: Philosophie Magazin, Nr. 05/2021, S. 54.

53 Die gesamte Problematik von Trennungsängsten und Liebesverlusten wird aufrüttelnd beschrieben in: Judith Viorst, *Mut zur Trennung. Menschliche Verluste, die das Leben sinnvoll machen*, Heyne 1994

54 »Die zwölf Geschworenen«, Fernsehfilm-Klassiker von 1963, YouTube: https://www.youtube.com/watch?v=8tKBrdThPdQ [Zuletzt abgerufen am 21.02.2022]

55 Thich Nhat Hanh, *achtsam sprechen – achtsam zuhören, Die Kunst der bewussten Kommunikation*, 3. Auflage, Knaur 2019, S.21f.

56 Hier nur zwei Beispiele: Jack Kornfield, *Meditation für Anfänger*, Buch + CD mit 6 geführten Meditationen für Einsicht, innere Klarheit und Mitempfinden, Arkana 2007, und Eva-Maria Zurhorst, *ida – Die Lösung liegt in dir: Meditationen und Übungen*, Audio CD – Hörbuch, Arkana 2013.

57 »Der schlagfertige Niels Bohr«. Online: https://www.blueprints.de/humor-anekdoten/der-schlagfertige-niels-bohr.html [Zuletzt abgerufen am 21.02.2022]

58 Heinrich Heine, *Buch der Lieder,* in: *Gesammelte Werke*, Anaconda Verlag 2017, S.198.

59 Aus: Albert Einstein, *Ideas and Opinions*, zitiert in: Sogyal Rinpoche, *Das tibetische Buch vom Leben und vom Sterben*, O. W. Barth Verlag, 14. Auflage, 1995, S. 126.

60 Anthony de Mello, *Zeiten des Glücks, Geschichten für Herz und Seele*, 3. Auflage, Herder Verlag 2004, S. 86.

61 Werner Stangl, »Die drei Siebe des Sokrates – Wahrheit – Güte – Notwendigkeit – Arbeitsblätter-News«. Online: https://arbeitsblaetter-news.stangl-taller.at/die-drei-siebe-des-sokrates-wahrheit-gute-notwendigkeit/ [Zuletzt abgerufen am 21.02.2022]

62 Richard Wilhelm, C. G. Jung, *Geheimnis der goldenen Blüte. Das Buch von Bewusstsein und Leben*, Diederichs Gelbe Reihe 2005, S. 20.

63 Bertrand Russel, *Philosophie des Abendlandes*, Europa Verlag 2007, 24. Kapitel, S. 760ff.

64 Siehe S. 57.

65 Siehe S. 112.

66 Horst-Eberhard Richter, *Der Gotteskomplex*, 2. Auflage, Psychosozial-Verlag 2012. Ebenda, S. 231.

67 Ebenda, S. 230.

# Literatur


## Über das Sterben und die Frage, was nach dem Tod kommt

Bohnenkamp, Ruth / Simone Weidner, *Das Vorsorge-Set. Patientenverfügung, Testament, Betreuungsverfügung, Vorsorgevollmacht*, Stiftung Warentest 2019.

Ehrenreich, Barbara, *Wollen wir ewig leben? Die Wellness-Epidemie, die Gewissheit des Todes und unsere Illusion von Kontrolle*, Antje Kunstmann 2018.

Kost, Mena / Boutellier, Annette, *Ausleben. Gedanken an den Tod verschiebt man gerne auf später*, Christoph Merian 2020.

Kuckelkorn, Christoph, *Der Tod ist dein letzter großer Termin. Ein Bestatter erzählt vom Leben*, Fischer 2020.

Morris, Tom, *Philosophie für Dummies*, Wiley-VCH 2011.

Rigpa, *Das tibetische Buch vom Leben und vom Sterben. Ein Schlüssel zum tieferen Verständnis von Leben und Tod*, Knaur MensSana TB 2020.

zur Nieden, Christiane, *Sterbefasten. Freiwilliger Verzicht auf Nahrung und Flüssigkeit – Eine Fallbeschreibung*, Mabuse 2019.

## Über Umwelt, Klima, Pandemien und die Zukunft der Menschheit

Bregmann, Rutger, *Im Grunde gut. Eine neue Geschichte der Menschheit*, Rowohlt 2021.

Dalai Lama / Franz Alt, *Der Klima-Appell des Dalai Lama an die Welt. Schützt unsere Umwelt*, Benevento 2020.

Horx, Matthias, *Die Zukunft nach Corona. Wie eine Krise die Gesellschaft, unser Denken und unser Handeln verändert*, Econ 2020.

Lesch, Harald / Kamphausen, Klaus, *Die Menschheit schafft sich ab. Die Erde im Griff des Anthropozän*, Knaur Taschenbuch 2018.

Lobo, Sascha, *Realitätsschock. Zehn Lehren aus der Gegenwart*, Kiepenheuer & Witsch 2020.

Richter, Horst-Eberhard, *Der Gotteskomplex. Die Geburt und die Krise des Glaubens an die Allmacht des Menschen*, Psychosozial-Verlag 2012.

Urner, Maren, *Schluss mit dem täglichen Weltuntergang. Wie wir uns gegen die digitale Vermüllung unserer Gehirne wehren*, Droemer 2019.

Zweig, Katharina, *Ein Algorithmus hat kein Taktgefühl. Wo künstliche Intelligenz sich irrt, warum uns das betrifft und was wir dagegen tun können*, Heyne 2019.

## Über Glück, Ruhe und die Klarheit des Denkens

Dobelli, Rolf, *Die Kunst des klaren Denkens. 52 Denkfehler, die Sie besser anderen überlassen*, Piper 2021.

Klein, Stefan, *Die Glücksformel: oder Wie die guten Gefühle entstehen*, Fischer 2013.

Kornfield, Jack, *Meditation für Anfänger. CD mit 6 geführten Meditationen für Einsicht, innere Klarheit und Mitempfinden*, Arkana 2005.

Michel, Sascha, *Glück. Ein philosophischer Streifzug*, Fischer 2010.

Odell, Jenny, *Nichts tun. Die Kunst, sich der Aufmerksamkeitsökonomie zu entziehen*, C. H. Beck 2021.

Safranski, Rüdiger, *Einzeln sein. Eine philosophische Herausforderung*, Carl Hanser 2021.

Scheurer, Bernhard M., *Projektherz. Das Handwerk der Inspiration*, Daedalus 2010.

Thich Nhat Hanh, *Einfach sitzen*, O. W. Barth 2016.

Wagner, Marietheres, *Epikurs Bibliothek. Geschichten vom Glück*, Midas Collection 2021.

Watzlawick, Paul, *Anleitung zum Unglücklichsein*, Piper 2021.

Zurhorst, Eva-Maria, *ida – Die Lösung liegt in dir. Mit mp3-CD*, Goldmann 2015.

# Namensregister


Abraham 165
Achilles 35ff., 45, 59, 84, 87
Adorf, Mario 133
Adorno, Theodor W. 82
Aristoteles 125, 131, 163
Beatles 123
Böhm, Karl 117
Bohr, Niels 137
Bora, Katharina von 165
Brandt, Willy 132
Castro, Fidel 120
Churchill, Winston 29
Darwin, Charles 17
Descartes, René 120
Einstein, Albert 146
Epikur 49, 69
Erasmus von Rotterdam 121, 131
Fonda, Henry 133
Friedrich der Große 109, 160
Galois, Évariste 79
Gandhi, Mahatma 132
Hawking, Stephen 17
Heine, Heinrich 140
Hildegard von Bingen 132
Hitler, Adolf 112
Horvath, Ödön von 159
Jesus 56, 104
Jung, Carl Gustav 153
Kennedy, John F. 21f.
King, Martin Luther 132
Kolumbus, Christoph 28
Konfuzius 120
Kravitz, Lenny 114f.
Lenin, Wladimir Iljitsch 120
Lesch, Harald 18
Lincoln, Abraham 116, 118
Lloyd George, David 165
Luther, Martin 8, 165
Mao, Zedong 120
Marx, Jenny 165
Marx, Karl 76, 120, 165
Moelling, Karin 16
Montaigne, Michel de 46ff., 52, 60, 118
Mozart, Wolfgang Amadeus 78f., 163f.
Niebuhr, Reinhold 57, 161
Nietzsche, Friedrich 76, 120, 131
Odysseus 165
Pavarotti, Luciano 130
Penelope 165
Perikles 100ff., 115ff., 132, 136, 157
Prokop, Ludwig 68, 70
Puccini, Giacomo 130
Raabe, Wilhelm 46, 52
Ramazotti, Eros 112
Reusch, Siegfried 168
Reuter, Ernst 116f.
Richter, Horst-Eberhard 166ff.
Rilke, Rainer Maria 56
Rolling Stones 123
Roth, Eugen 111
Russell, Bertrand 156

Safranski, Rüdiger 49
Sara 165
Sartre, Jean-Paul 77
Schiller, Friedrich 163f.
Schopenhauer, Arthur 156
Seneca 62
Simon & Garfunkel 115
Sloterdijk, Peter 56, 70
Sokrates 148f., 155
Stalin, Josef 104
Thales 165
Thich Nhat Hanh 103f., 135, 146, 157
Trump, Donald 24, 26
Twain, Mark 119, 142
Ustinov, Peter 66
Voltaire 160
Wader, Hannes 51
Watzlawick, Paul 125
Weber, Max 118ff.

# Sachregister


Achillessehne 46
Achtsamkeit 29, 142
Achtsamkeitsübung 135f.
Alter des Universums 33, 40
Apokalyptiker 23
Atheismus 76f.
attische Demokratie 115
Balance 29, 75, 99, 120ff., 163
Basejumping 124
Berliner Luftbrücke 116
Bescheidenheit 17f., 57, 84, 147
Betreuungsverfügung 88
Corona, Covid-19 8f., 16f., 24, 71, 73f., 80, 82, 88ff., 92, 113
Cyborgs 28
Demenz 79
Dinosaurier 23, 26, 41
Empathie 147
Ende der Menschheit 14, 25, 28, 84
Entfremdung 144ff.
Esoteriker 156
Exitus 168
exponentielles Wachstum 19
Flow 111
Flutkatastrophe 74, 141, 172
Freund Hein 47
Freundlichkeit 142
Freundschaft 47, 60, 102, 147
Galgenhumor 142
Gelassenheit 55, 57, 97
Gemeinwohl 120, 139
Gerechtigkeit 58, 116
Geriatrie 81
Gleichberechtigung 115f.
Gleichgewicht 16, 139, 163
Glück 107ff.
Glückseligkeit 109
Gott 47, 57, 76f., 84f., 169
Grundvertrauen 163
Hamsterrad 79
Hedonismus 76
Herdentrieb 161
Hiroshima 10, 23
Holocaust 72
Hospiz 86, 143
Informationsblase 152
Intensivstation 91, 94, 145
Klimahysteriker 23
Klimakatastrophe 8, 75
Leben nach dem Tod 168
Lebensfreude 29, 50, 72, 83
Lebensgier 70ff., 75
Lebenskreis 166
letzte Dinge regeln 85ff.
Lockdown 8, 146
Logik 25, 99ff., 108, 110
Loslassen 53f.
Mainstream 132
Materialismus 76
Meditieren 75, 136, 161, 169
Menschheit retten 84
Montaigne-Methode 46ff.
Moped-LKW-Syndrom 72ff.
Nahtoderlebnis 49

Narzissmus 144
Nicht-Tun 117
Palliativmedizin 81
Pandemie-Maßnahmen 146
Patientenverfügung 50, 88ff., 94
Perfektionismus 162
Pessimismus 65f., 156
Potenzialanalyse 130
Projektarchetypen 128f.
Projektintelligenz 129
richtige Mitte 125f., 130f., 163
Sekten 156
Selbstachtung 29, 140f.
Selbstbestimmung 89, 97, 116
Selbstverwirklichung 120, 125, 139
Spanische Grippe 71
Sterbebegleitung 51
Sterbefasten 96f.
Sterblichkeit 69, 81, 85
Suizid der Menschheit 24
Testament 50, 88, 95
Todesangst 60, 70ff.
Transformation 51, 167
Transitus 168
Trauerfeier 86, 88, 91
Trauerredner 95
Universum 14f., 19, 29, 31ff., 45, 51, 62, 146
Unsterblichkeit 10, 169
Urknall 31, 40
Urvertrauen 68
Vergänglichkeit 10, 18, 51, 58, 62, 85
Verzeihen 142, 161
Viren 16f., 71, 81
Vorsorgevollmacht 88
Weiterleben nach dem Tod 8, 77, 168
Weltuntergang 14
Weltuntergangsuhr 23f.
Weltwirtschaftskrise 72
Würdelosigkeit im Alter 82
Yin und Yang 51
Zelle-Mensch-Planet 17

Marietheres Wagner

# Epikurs Bibliothek

Geschichten vom Glück

ISBN 978-3-03876-119-8

Worin besteht die Kunst, ein glückliches Leben zu führen? Um diese Frage dreht sich die Philosophie des Epikur. Aber was genau bedeutet »Philosophieren« nach Epikur? Die wenigen dazu noch erhaltenen Original-Texte sind mehr als 2000 Jahre alt und entsprechend sperrig zu lesen. Deshalb hat Marietheres Wagner nach Büchern gesucht, in denen sein Denken zum Ausdruck kommt. Romane, Sachbücher und auch Bilderbücher sind darunter: alte und neue, kurze und lange, dünne und dicke, einfache oder auch hochkomplexe. Dieses anregende Buch lädt ein zu einer Reise in Epikurs Garten und will zu dem ermuntern, was Epikur als den Weg zum Glück empfohlen hat: Fang an zu philosophieren – ja, du selbst! Denn nur auf dich und deine Taten kommt es in diesem Leben an. Und jeden Tag aufs Neue.

Thilo Baum

# Das Buch der 1000 Gebote

So funktioniert das Leben – eine Gebrauchsanleitung

ISBN 978-3-907100-66-0

Wie lange ist Egoismus gut und wann wird er asozial? Wann dürfen und sollten Sie Nein sagen? Wie finden Sie zu sich selbst? Und wann dürfen Sie töten? »Das Buch der 1000 Gebote« gibt klare Antworten auf die wichtigen Fragen des Lebens. Es ist ein praktischer Leitfaden für das Dasein auf dieser Welt. Es hilft beim Bewerten von Weltbildern, dem Respekt gegenüber Andersdenkenden und der Natur. Vor welcher Entscheidung auch immer Sie stehen: Hier finden Sie einen Rat dazu – von persönlich bis beruflich. Jedes der zehn Hauptkapitel – vom Leben über das Denken und Handeln, den Erfolg und den Sinn bis zur Zukunft – besteht aus zehn Unterkapiteln, in denen sich wiederum jeweils zehn Gebote finden. Tausend entschiedene Ansagen, tausend inspirierende Denkanstöße, tausend neue Sichtweisen auf die Welt. Teils verblüffend und witzig, teils philosophisch und nachdenklich, aber immer konkret, praktisch und anwendbar. Ein Buch für alle Lebenslagen!

Charlotte Sleigh / Amanda Rees

# Die Natur des Menschen

Wie wir wurden, was wir sind

ISBN 978-3-03876-537-0

Was bedeutet es, Mensch zu sein? Und was hat das damit zu tun, sich als Homo sapiens bezeichnen zu können? Dieses atemberaubende Buch trifft mitten ins Herz unserer eher unwissenschaftlichen Motivationen und Vorurteile und zeigt, wie diese uns dabei helfen können, die größten Probleme der Welt zu lösen. Von wilden Tieren bis zu außerirdischem Leben werden weithin diskutierte und zum Teil auch problematische Verbindungen zu anderen Wesen untersucht. Das Buch geht tiefgreifenden Fragen auf den Grund, darunter dem Lebenszweck des Menschen, dem Sinn des Lebens und was es bedeutet, als Teil einer Gemeinschaft akzeptiert zu werden. Mit globaler Perspektive und überwältigenden Bildern ist »Die Natur des Menschen« ein sprachmächtiges, unterhaltsames und bilderstürmerisches Gegenstück zum Post-Humanismus.